O ELOGIO
AO ÓCIO

BERTRAND Russell
O ELOGIO AO ÓCIO

TRADUÇÃO: PEDRO JORGENSEN JÚNIOR
PREFÁCIO: ALEXANDRE TEIXEIRA
INTRODUÇÃO: HOWARD WOODHOUSE

2.ª edição

EDITORA
NOVA
FRONTEIRA

Título original: *In Praise of Idleness*

Copyright © 1996 by The Bertrand Russell Peace Foundation Ltd.
Copyright Introdução © 1996 by Howard Woodhouse.
Todos os direitos reservados. Tradução autorizada da edição em inglês publicada pela Routledge, membro do Taylor & Francis Group, copirraite de The Bertrand Russell Peace Foundation.

Direitos de edição da obra em língua portuguesa no Brasil adquiridos pela EDITORA NOVA FRONTEIRA PARTICIPAÇÕES S.A. Todos os direitos reservados. Nenhuma parte desta obra pode ser apropriada e estocada em sistema de banco de dados ou processo similar, em qualquer forma ou meio, seja eletrônico, de fotocópia, gravação etc., sem a permissão do detentor do copirraite.

EDITORA NOVA FRONTEIRA PARTICIPAÇÕES S.A.
Av. Rio Branco, 115 – Salas 1201 a 1205 – Centro – 20040-004
Rio de Janeiro – RJ – Brasil
Tel.: (21) 3882-8200

Imagem de capa: baibaz - iStock

Dados Internacionais de Catalogação na Publicação (CIP)

R961e Russell, Bertrand

    O elogio ao ócio/Bertrand Russell; traduzido por Pedro Jorgensen Júnior. – 2.ed. – Rio de Janeiro: Nova Fronteira, 2024.

    Título original: *In Praise of Idleness*

    ISBN: 978-65-5640-839-2

    1. Literatura inglesa. I. Jorgensen Júnior, Pedro. II. Título.

CDD: 823
CDU: 821.111

CONHEÇA OUTROS LIVROS DA EDITORA:

André Felipe de Moraes Queiroz – Bibliotecário – CRB-4/2242

Sumário

Prefácio à edição brasileira — Alexandre Teixeira 7
Introdução — Howard Woodhouse 11
Prefácio 23

1 — O elogio ao ócio 25
2 — O conhecimento "inútil" 36
3 — A arquitetura e questões sociais 45
4 — O moderno Midas 53
5 — A genealogia do fascismo 65
6 — Cila e Caribde, ou comunismo e fascismo 81
7 — Em defesa do socialismo 89
8 — A civilização ocidental 110
9 — Sobre o cinismo juvenil 122
10 — A homogeneidade moderna 130
11 — Homem *versus* insetos 137
12 — Educação e disciplina 139
13 — Estoicismo e saúde mental 145
14 — Sobre os cometas 153
15 — O que é a alma? 155

Prefácio à edição brasileira
Não fazer deliberado

Quando Domenico De Masi publicou *O ócio criativo*, em 1995, Bertrand Russell já estava morto havia um quarto de século. Alguns dos ensaios reunidos em *O elogio ao ócio* já tinham adquirido status de pequenos clássicos modernos. Não se tornaram, é verdade, peças da cultura pop, como o *best-seller* do sociólogo italiano. Porque, no tempo de Russell, ela ainda não existia no formato fast-food dos anos 1990. E também porque já éramos presas do que o Russell chama de "culto à eficiência". Não obstante, a ideia seminal do não fazer deliberado, que busca contemplação e autodesenvolvimento, já estava toda desenvolvida lá (aqui, nas páginas a seguir), embalada pela erudição do filósofo progressista mais influente do Reino Unido da primeira metade do século XX.

O elogio ao ócio é assustadoramente contemporâneo. Russell sustenta sua posição antiautoritária num momento em que o centro da arena política parece esmagado à esquerda pelo comunismo e à direita pelo fascismo — ideologias a cujo combate dedica alguns de seus ensaios. Ao mesmo tempo, vê no desenvolvimento técnico e tecnológico de seu tempo uma oportunidade histórica para se cortarem drasticamente as jornadas de trabalho (quatro horas diárias lhe parecem suficientes), liberando o cidadão para contemplação, diversão e ócio (não necessariamente criativo).

Russell, um Nobel de Literatura, escreve com simplicidade desconcertante. E é um ensaísta divertido. "Movimentar a matéria em quantidades necessárias à nossa existência não é, decididamente, um dos objetivos da vida humana", pondera ele. "Se fosse, teríamos de considerar qualquer operador de britadeira superior a Shakespeare."

Nos longínquos anos 1930, Russell se debate com a dura realidade (patriarcal?) do que hoje chamamos de economia do cuidado — sempre a cargo "das esposas, sobretudo na classe trabalhadora". Economia essa na qual a mulher "não recebe nenhum salário, por mais árduo que seja o seu trabalho". E bota árduo nisso. "Ela é obrigada a cumprir as obrigações de babá, cozinheira e arrumadeira, para as quais não foi treinada (...). Está sempre cansada e vê nos filhos mais motivos de aborrecimento que de felicidade." De seu lado, o marido "gosta de sentir que sua esposa trabalha para ele".

Não se engane pelo título. O conjunto de ensaios reunidos neste volume tem uma riqueza temática digna do polímata que foi Bertrand Russell. Questões arquitetônicas desembocam nessas considerações sobre a condição feminina. As indenizações punitivas impostas à Alemanha no pós-Primeira Guerra são analisadas não por sua consequência mais conhecida e terrível — a revanche hitlerista que levou à Segunda Guerra —, mas pelo impacto deletério nas economias europeias, em geral, e britânica, em particular. O cardápio de assuntos é vasto, e a atualidade está sempre lá.

"Não apenas na Grã-Bretanha, mas no mundo inteiro, os interesses dos financistas têm sido, nos anos recentes, contrários aos interesses do público em geral. E não é provável que esta situação mude por si mesma", escreve ele na era dourada do keynesianismo. É de se imaginar o que pensaria do capitalismo financeiro do século XXI.

No miolo político de *O elogio ao ócio*, é notável a perspicácia com que Russell critica fascistas e comunistas. Os primeiros, demonstra, são descendentes de Nietzsche e seu super-homem. "Os fundadores da escola de pensamento da qual nasceu o fascismo têm todos algumas características em comum. Eles buscam o bem na vontade, não no sentimento e na cognição; dão mais valor ao poder do que à felicidade; preferem a força aos argumentos, a guerra à paz, a aristocracia à democracia, a propaganda à imparcialidade científica", escreve. "Substituem o prazer pela glória e o conhecimento pela afirmação pragmática de que verdade é aquilo que eles desejam." Soa familiar?

Dos comunistas, Russell contesta as ideias fundadoras — "Não concordo com a filosofia de Marx, menos ainda com o materialismo e empiriocriticismo de Lenin (...) Não aceito a teoria marxista de valor" — e desconfia das intenções mal dissimuladas: "O comunismo não é democrático. O que chama de 'ditadura do proletariado' é, na verdade, a ditadura de uma pequena minoria, transformada em classe oligárquica dominante."

É, portanto, a política o centro nervoso deste livro tão precioso para nossos tempos conturbados. Que faz de sua defesa apaixonada da democracia e da liberdade um elogio à razão humanista e um libelo contra o ódio em suas variadas manifestações.

Alexandre Teixeira
Jornalista, escritor e cofundador da plataforma
ODDDA [O Dia Depois De Amanhã]

Introdução
Ócio e abricós

Eu reli os ensaios constantes deste volume enquanto desperdiçava meu tempo ociosamente no jardim de um amigo que mora na França, no vale do Loire. Neste jardim há um pé de abricó velho e retorcido, rachado pela idade, que a cada ano produz uma quantidade menor de seu suculento fruto. Mas seus galhos ainda davam sombra suficiente para que eu pudesse me dedicar ao prazer de ler, no ensaio O *conhecimento "inútil"*, publicado pela primeira vez em 1935, o relato de Bertrand Russell sobre a chegada dos pêssegos e abricós ao Ocidente. Eles começaram a ser cultivados na China, durante a dinastia Han, depois foram levados para a Índia e mais tarde para o atual Irã, até chegarem finalmente a Roma. Russell nos revela também que a etimologia da palavra "abricó" remete à mesma raiz latina de "precoce", devido ao fato de a fruta amadurecer cedo. O "a", no entanto, foi acrescentado por engano.

Russell (1872-1970) lança mão desse exemplo para mostrar como o conhecimento pode tornar a fruta mais doce, aumentando e enriquecendo a nossa experiência com um sentido de alegria que, sem ele, estaria talvez ausente. O "prazer mental" que eu obtive lendo o parágrafo de Russell sentado naquele jardim francês foi uma demonstração cristalina de suas ideias. Os abricós ficaram mais doces, o sol mais brilhante e meu apreço mais elevado com a breve história da fruta e sua etimologia imperfeita. Esse tipo de conhecimento, mesmo quando aparentemente trivial como no caso dos abricós, pode proporcionar às pessoas um imenso contentamento. A "atitude mental contemplativa" que propicia a busca desse tipo de saber requer um ócio que torne as pessoas despreocupadas, divertidas e propensas a se dedicarem a atividades de sua livre escolha, que sejam ao mesmo tempo construtivas e prazerosas.

Russell acredita que os momentos de despreocupação e diversão são especialmente importantes na educação dos jovens. Sem eles, as crianças se tornam apáticas, infelizes e destrutivas e perdem o gosto por objetivos mais amplos e profundos. Oportunidades contínuas de autoexpressão são igualmente importantes para a população adulta, pois permitem ao indivíduo avaliar a qualidade de sua experiência, bem como o valor do próprio conhecimento. Se não fosse o ócio proporcionado pela chance de matar o tempo debaixo de um pé de abricó, por exemplo, eu não teria podido apreciar, de maneira tão direta, a defesa que Russell faz do valor intrínseco do conhecimento.

Para a maioria das pessoas, mesmo hoje em dia, esse tipo de experiência não é uma opção realista à sua disposição. Elas não têm tempo nem dinheiro para estar por aí em busca de conhecimento "inútil". São prisioneiras daquilo que Russell chama de "o culto da eficiência", que só valoriza o conhecimento pelos benefícios econômicos e pelo aumento do poder sobre as outras pessoas que ele pode proporcionar. Os felizardos que têm recursos para o ócio tendem a desprezá-lo em favor de um gênero de "ação enérgica" que gera um controle ainda maior, mas pouco ou nenhum entendimento ou reflexão acerca dos objetivos mais amplos da vida. Russell considera nociva esta visão "instrumental" do conhecimento, pois ela só dá valor às suas consequências, não às suas razões subjacentes. Consequentemente, a riqueza e o poder são tidos em alta conta, ao passo que o ócio e o conhecimento contemplativo são considerados apenas como dispersão inútil.

A solução que Russell propõe para esse problema considera que o ócio poderia ser hoje acessível a toda a população, se o trabalho passasse por uma reestruturação baseada nas possibilidades abertas pelos modernos métodos de produção. Além de desejável, o ócio é um estado ao qual a maioria das pessoas poderia ter acesso, bastando que fosse mais valorizado do que as ocupações produtivas, largamente instrumentais, de que é feita a jornada de trabalho. A tecnologia moderna possibilita a instituição da jornada de quatro horas sem redução de salários e sem extinção de postos de trabalho. Uma vez libertos da tirania do trabalho, diz Russell, homens e mulheres poderiam ser livres para se dedicarem a atividades de seu exclusivo interesse. Os trabalhadores e profissionais liberais poderiam desfrutar o tipo de ócio ao qual somente os professores universitários, como eu mesmo, costumam ter acesso durante seu ano sabático.[1] Russell admite que alguns iriam usar esse tempo livre para ganhar mais dinheiro e aumentar seu poder sobre os demais, mas acredita que essa tendência seria contrabalançada pelo número ainda maior

---

[1] Ano sabático: ano de licença concedido na Inglaterra, a cada sete anos, aos professores universitários. (N.T.)

de pessoas que optariam por atividades mais reflexivas (me ocorrem a pesca, a jardinagem e o boliche), ou pelo engajamento em diversos tipos de trabalho comunitário.

A tese central de Russell é de que o trabalho, que ele define como a movimentação dos corpos na superfície da Terra ou perto dela, não é o objetivo da vida. Se fosse, as pessoas gostariam de trabalhar. No entanto, aqueles que de fato executam o trabalho evitam-no sempre que possível. Os únicos que alardeiam as suas virtudes são as pessoas em posição de comandar o trabalho alheio. Se o ócio, a diversão e o desfrute do conhecimento contemplativo fossem valorizados por si mesmos, as reformas propostas por Russell poderiam ser instituídas. O propósito de *O elogio ao ócio* é lutar por um mundo em que todas as pessoas possam se engajar livremente na busca de atividades "agradáveis, compensadoras e interessantes".

Tolerância ou irracionalidade?

O livro reflete também a permanente preocupação de Bertrand Russell com a tolerância e a paz, e com o problema do equilíbrio entre liberdade individual e harmonia social. Ele os contrasta, no prefácio, com a irracionalidade do fanatismo, da guerra e da utilidade prática, que parecem reinar sobranceiros. Precisamos hoje resolver conflitos de formas menos estridentes, baseadas na "ponderação", na "disposição de questionar todos os dogmas" e na "atitude isenta em face da diversidade de pontos de vista".

Para Russell, a atitude mental contemplativa permite que os indivíduos considerem todas as questões de maneira tentativa e imparcial, evitando todo tipo de dogmatismo e incentivando a expressão dos diversos pontos de vista. Assim como o método científico proporciona a matemáticos, físicos e filósofos, em sua busca da verdade, uma maior largueza de vistas diante dos novos fatos, também a atitude mental contemplativa pode incentivar os cidadãos comuns a serem mais tolerantes com a livre expressão de pontos de vista diferentes dos seus.[2] É do embate entre as diversas opiniões, Russell acredita, que se pode chegar a conclusões mais abrangentes e mais próximas dos ideais de justiça so-

---

[2] Bertrand Russell, "Filosofia e política", in Unpopular Essays, Londres, George Allen e Unwin, 1950, pp. 25, 27-8.

cial. A abordagem aparentemente "inútil" do conhecimento, baseada na atitude mental contemplativa, aparece, portanto, como absolutamente "útil" na promoção da harmonia social.

Russell teme que a tendência do mundo moderno para a crescente organização do pensamento, combinada ao seu insaciável impulso para a ação irrefletida, produza o enfraquecimento progressivo da liberdade de expressão das diferentes visões de mundo, assim como da tolerância para com essas visões. No ensaio A *homogeneidade moderna*, ele analisa os tipos de uniformidade de opinião que experimentou durante sua visita aos Estados Unidos na década de 1930. O grau de homogeneidade de pensamento e opinião fomentado por igrejas, imprensa, rádio e cinema apareceu-lhe como perigosamente elevado. Profissionais de todos os tipos, por exemplo, pareciam-se muito uns com os outros simplesmente porque "esperava-se deles que se amoldassem ao padrão do executivo bem-sucedido". Ele assinala que os verdadeiros perigos desse gênero de coesão social são a intolerância para com as minorias, o debilitamento da qualidade em favor da uniformidade em todas as esferas, um "nacionalismo um tanto ruidoso" e o risco do "imobilismo", vale dizer, uma atitude fleumática resultante da relutância em considerar pontos de vista e cursos de ação alternativos. Ao mesmo tempo, Russell concorda que o dinamismo norte-americano impõe um grau considerável de conformidade e sugere que a Europa seguirá, provavelmente, essa mesma direção — advertência que hoje ganha uma certa ressonância.

Dois dogmas pelos quais Russell tem particular aversão são o fascismo e o comunismo. Eles demonstram o perigo de adotarem-se posições extremas, que não se justificam pela evidência empírica nem por considerações mais amplas de justiça social. São também exemplares das mais virulentas formas já vistas de organização do pensamento visando à ação enérgica e obediente. Dos dois, o fascismo é o mais nocivo porque seus métodos e objetivos são igualmente desumanos. Como destaca Russell em *Cila e Caribde, ou comunismo e fascismo*, este último, além de totalmente antidemocrático e antissemita, priva sistematicamente de seus direitos os trabalhadores, os judeus e outras minorias. Apesar do que afirmam os seus seguidores, o fascismo não é capaz de resolver os problemas da sociedade capitalista.

O apelo à irracionalidade e à valorização permanente do poder são outros males subjacentes ao fascismo. Russell analisa essas características em *A genealogia do fascismo*, em que remete as raízes intelectuais do nacional-socialismo aos *Discursos à nação germânica*, escrito pelo filósofo Fichte no início do século XIX. Fichte afirma que, devido à sua pureza, a língua germânica é superior a todas as outras, e clama por um sistema nacional de educação que "molde os alemães como um corpo unificado", fazendo harmonizar a vontade individual com a vontade da nação. Tais ideias foram adotadas sob formas diferentes por Mazzini na Itália, Carlyle e os social-darwinistas na Inglaterra e por Nietzsche na própria Alemanha. Foi neste último país que elas criaram raízes, porque os grandes industriais e os militares, sentindo-se ameaçados pelo regime bolchevique, conseguiram conquistar o apoio de um grande número de pessoas, de diferentes classes sociais, que se sentiam ameaçadas por reformas sociais repentinas. Esta infeliz combinação de circunstâncias proporcionou aos nacional-socialistas o crescimento de seu poder: um fato que Russell observa com presciente preocupação.

No que tange ao comunismo, Russell concorda com a sua finalidade, vale dizer, a criação de uma sociedade sem classes. Mas não aceita a revolução violenta como modo de trazer à luz a nova sociedade, porque acredita que ela iria gerar, em lugar da paz, a tirania. Em parte isto se deve à sua avaliação da revolução bolchevique, feita após uma visita à Rússia em 1920, e também às suas profundas objeções teóricas à teoria marxista, que deixa também registradas em *Cila e Caribde*.

Não é de surpreender, pois, que a sua descrição de uma sociedade mais sadia e racional, articulada no capítulo *Em defesa do socialismo*, seja mais moderada em suas reivindicações. Russell concebe uma transição pacífica para o socialismo, apoiada pela maioria dos cidadãos. Ele define a sociedade socialista como aquela em que coexistem a propriedade econômica da terra, dos capitais, das riquezas minerais etc. e uma democracia generalizada em todas as instituições. Equilibrando esses dois fatores, ele pretende demonstrar que o socialismo democrático é uma alternativa ao comunismo e ao fascismo. Ele reitera a necessidade da jornada de trabalho de quatro horas como forma de fazer com que o ócio possa ser desfrutado por todos. Na verdade, Russell sugere que uma tal reforma poderia ser facilmente decretada numa sociedade em que tivessem sido varridos o desperdício da produção de armamentos e a ideologia nacionalista — o "culto da irracionalidade" — que a acompanha. Esta reforma empolgaria profissionais liberais e trabalhadores, segmentos sociais naturalmente interessados na implantação de uma sociedade socialista democrática.

Dentre outras propostas democráticas de Russell está um conjunto de teses pela emancipação da mulher, particularmente a mulher trabalhadora, da escravidão do trabalho doméstico. Embora aplauda o aumento do número de profissionais do sexo feminino trabalhando fora de casa registrado na década de 1930, Russell entende que somente através das reformas socialistas poderiam as mulheres trabalhadoras desfrutar as mesmas oportunidades. Em *Arquitetura e questões sociais*, ele afirma que o isolamento social das famílias trabalhadoras em bairros sombrios, superpopulosos e muitas vezes insalubres é um impeditivo à participação das mulheres na vida social e econômica. Edifícios de apartamentos, construídos com recursos públicos, em que houvesse uma cozinha, um salão de refeições e um centro de lazer coletivos, além de um pátio ensolarado e uma escola maternal, possibilitariam às mulheres trabalhar fora e desfrutar algum tempo livre longe de suas famílias.[3] Além disso, seus filhos poderiam ter a atenção necessária, uma boa alimentação e a liberdade de movimento indispensável a uma vida saudável e instruída. Aqui, Russell parece ter em mente o gênero de escola que ele e sua mulher, Dora Russell, dirigiram durante algum tempo em Beacon Hill, com seus ideais de "liberdade sem medo" e cooperação pacífica. Mesmo tendo concluído, mais tarde, que a escola foi um fracasso, Russell não abandonou de todo os seus antigos ideais.

A educação é, na verdade, um tema central de *O elogio ao ócio*. É necessária uma reforma educacional radical para que o conhecimento, o aprendizado e o saber sejam valorizados em si mesmos, e para que o ócio, a diversão e o lazer substituam o trabalho como atividades dignificantes. Em *Educação e disciplina*, por exemplo, Russell expõe esquematicamente como seria uma educação baseada nesses ideais alternativos. Ele sugere que os professores deveriam ter reduzida a sua carga de trabalho atual, uma vez que sua "afeição instintiva pelas crianças" é, muito frequentemente, sufocada pelos exigentes cuidados que elas requerem.

---

[3] Russell reconhece que uma resistência considerável a esta ideia viria dos próprios assalariados, mas acredita que a determinação das mulheres em ganhar o próprio sustento e conquistar mais tempo de lazer assegura-lhes uma independência cada vez maior.

Duas horas de ensino por dia são suficientes, podendo ser combinadas com alguma outra ocupação que permita aos professores trabalhar e manter contatos sociais longe das demandas infantis. A "afeição" e o "prazer natural do trato com as crianças", necessários para uma relação pedagógica saudável, poderiam ser assim preservados. A prova do enorme alcance da proposta de Russell é a sua adoção, em anos recentes, por associações de professores do Canadá, da França e dos Estados Unidos.

Nessa atmosfera renovada, capaz de devolver aos professores "uma certa simpatia pelos desejos das crianças", é possível obter-se o adequado equilíbrio entre a autoridade e a liberdade da criança. A autoridade do professor provém de uma aproximação cuidadosa e delicada que incentiva o desenvolvimento dos impulsos infantis e os dirige para atividades intelectuais e sociais meritórias. A liberdade da criança, por sua vez, provém de impulsos vitais sem os quais nenhuma atividade seria possível. Mas para ser guiada por esses impulsos de forma construtiva, a criança precisa da influência mediadora da autodisciplina. Só então ela poderá adquirir hábitos que favoreçam o estudo, a realização de objetivos de longo prazo e a ampliação do escopo de seus impulsos. Tal como John Dewey (1859) e Alfred North Whitehead (1861-1947), Russell acredita que a única disciplina realmente eficaz é aquela que vem de dentro da criança. E como deixa claro em *Estoicismo e saúde mental*, o uso judicioso da autoridade por parte de pais e professores é um ingrediente vital no desenvolvimento da autodisciplina.

Uma criança que cresce numa tal atmosfera aprenderá a questionar o que lhe é transmitido de uma maneira crítica e disciplinada. Em *O moderno Midas*, por exemplo, Russell afirma que a educação deveria capacitar o público a questionar os julgamentos dos especialistas a respeito de temas da importância do padrão-ouro, por exemplo. Em sua busca de respostas fundadas em evidências, um público educado sob a ótica da autodisciplina poderá fazer uso da atitude mental contemplativa para expor os defeitos do saber convencional. Desse modo, a irracionalidade, disfarçada de saber especializado, será desafiada e extirpada. Enquanto existirem nos sistemas educacionais barreiras ao exercício do pensamento crítico, "continuarão existindo obstáculos a uma democracia bem-sucedida".

Finalmente, Russell desafia o nacionalismo, principal causa do "culto à irracionalidade", na escola como na sociedade, com uma proposta internacionalista fundada na possibilidade de instituir-se um governo mundial. Só dessa forma, ele afirma, poderão florescer a tolerância e o entendimento internacional. Nas escolas e universidades, por exemplo, a eliminação do viés nacionalista seria garantida pelo exame dos textos de história por um comitê de historiadores internacionalmente reconhecidos. O governo mundial seria criado, como instrumento de paz, através da conquista do mundo inteiro por uma nação ou grupo de nações — paradoxo em que Russell incorre em *A civilização ocidental* e que desenvolve em outros trabalhos. Uma vez que o governo mundial obtivesse o monopólio das armas, a guerra entre as nações poderia ser eliminada e a coexistência pacífica assegurada. Em *Educação e disciplina* (1932), Russell admite que o preço da estabilidade assim obtida pode ser a restrição da liberdade individual por um longo tempo, mas diz que este é o preço a pagar pela paz mundial. Talvez pelo fato de uma tal posição enfraquecer claramente seu compromisso com a liberdade de expressão, Russell muda de ideia em *Sobre o cinismo juvenil*, sugerindo que somente quando os conflitos nacionalistas forem controlados poderá a civilização florescer, sob a forma da busca da verdade e da beleza.

Nenhuma dessas posições leva em conta os sofrimentos decorrentes do estabelecimento e manutenção do governo mundial. Em seu desejo de erradicar a irracionalidade do nacionalismo, Russell patrocina a sua própria irracionalidade. É irônico que tenha descrito o mundo que acabou emergindo do colapso do império soviético, no qual as Nações Unidas atuam como instrumento das potências ocidentais dominantes. No momento em que escrevo estas palavras (outono de 1995), os aviões da OTAN bombardeiam posições sérvias em torno de Sarajevo e mísseis Cruise são lançados de navios de guerra norte-americanos. Mas nem a paz nem o entendimento interétnico parecem mais próximos na antiga Iugoslávia, pois essas ações acabaram incentivando sérvios e croatas a desencadearem suas próprias ofensivas. Ainda que Russell, com toda probabilidade, viesse a criticar a ação das potências ocidentais, sua própria teoria do governo mundial, projetada para erradicar a irracionalidade e o nacionalismo, acaba se prestando para a justificação da guerra.

Que tipo de ócio?

A natureza abertamente utópica de *O elogio ao ócio* é considerada por alguns a sua principal fraqueza. Como poderia, por exemplo, a jornada de quatro horas vir a acontecer sem causar perdas salariais? Dado que ela é uma condição necessária à criação do ócio universal, algumas palavras merecem ser ditas a propósito. Essa crítica revela uma certa incompreensão das ideias de Russell, que apenas sugere que um mundo em que o trabalho deixasse de ser a mais valorizada dentre todas as atividades seria um mundo mais feliz. Ele explora as possibilidades de uma sociedade mais dedicada ao lazer, em que se concretizasse a perspectiva do crescimento do ócio propiciado pelas novas tecnologias. Se atualizarmos a sua definição de trabalho fazendo incluir também a movimentação global de partículas de informação, os argumentos que apresenta não farão senão ecoar os objetivos originais declarados da introdução das novas tecnologias computacionais e da informação no ambiente de trabalho. Supunha-se que elas tornariam o trabalho mais fácil e que proporcionariam a todos o aumento do tempo livre. No entanto, elas são hoje usadas para elevar a produtividade por meio do monitoramento da qualidade do trabalho e do prolongamento da jornada. Em vez de aumentar as oportunidades de ócio, o que essas tecnologias criaram foi mais trabalho para os que têm emprego e um terrível tipo de ócio para um número crescente de desempregados. A produtividade, medida em termos de eficiência e patamares, vem se tornando o critério exclusivo de avaliação do trabalho. Em O *elogio ao ócio*, Russell alerta para os perigos desta visão:

> *A ideia de que as atividades desejáveis são aquelas que dão lucro constitui uma completa inversão da ordem das coisas.*

Dito de outra forma, precisamos de valores outros que a motivação do lucro para julgar não apenas o trabalho mas todas as atividades humanas. Uma sociedade incapaz de reconhecer a importância da dedicação voluntária ao ócio virou as costas à humanidade.

É claro, Russell não estava só, nos anos 1930, ao escrever sobre a importância do ócio. Karel Capek (1890-1938), teatrólogo, ensaísta e filósofo tcheco, renomado antifascista, publicou em 1923 um curto ensaio intitulado O *elogio ao ócio*, traduzido pela primeira vez para o inglês em 1935, mesmo ano da publicação do livro de Russell. Capek distingue o ócio de uma série de outros estados que se lhe comparam com frequência, como a preguiça, o descanso, o desperdício de tempo, a "mãe do pecado" e até o desfrute de um certo relaxamento. Ele considera que o ócio não é "nem um passatempo nem uma extensão do tempo", mas a "ausência de tudo o que ocupa o indivíduo", uma espécie de "imobilidade" cujo ritmo ele compara à da água parada, que "não dá vida nem à relva, nem ao limo, nem aos mosquitos". O ócio, no entanto, faz nascer, na verdade, a sensação de se estar "num outro mundo", onde "tudo é um pouco estranho e distante", um estado quase meditativo do qual o indivíduo emerge revigorado e pronto "para fazer algo totalmente inútil".[4] A formação mental contemplativa de Russell difere bastante desta total retirada do mundo descrita por Capek, porque sua ideia de ócio é menos uma negação da atividade do que uma combinação de lazer e alegre contemplação. Não obstante, ambos os autores concordam que o "conhecimento inútil", ou "alguma coisa completamente inútil", é o objetivo do ócio e que mais pessoas deveriam ter a chance de praticá-lo.

Como Russell, Whitehead acredita existir pouquíssima alegria e prazer espontâneo no mundo moderno. Na educação, a "alegria da descoberta", que ele chama de "romance", costuma ser sufocada nas escolas. E por mais que permaneça a necessidade de "exatidão", esta deve ser de curta duração, para que a "generalização", a capacidade de relacionar ideias abstratas com fatos concretos, possa germinar. Dado que o ritmo da educação é cíclico por natureza, o romance retorna para assentar a generalização num senso de alegria mais abrangente, mantendo-a fresca e aberta a novas possibilidades. Whitehead compartilha claramente o objetivo de Russell de incentivar o ócio reflexivo entre os estudantes, de modo que cada um possa desenvolver completamente a sua própria expressão.[5]

Pelas mesmas razões, Whitehead acha que as modernas corporações matam o espírito humano ao negar duas atividades fundamentais, distintivas de qualquer sociedade civilizada, a saber, o engenho e o senso estético. Nenhuma delas encontra expressão entre produtores

---

[4] Karel Capek, "O elogio ao ócio", in Peter Kussi (ed.), *Toward the Radical Center: a Karel Capek Reader*, Highland Park, NJ, Catbird Press, 1990, pp. 241-3.

[5] Alfred North Whitehead, "O ritmo da educação", in *The Aims of Education*, Nova York, The Free Press, 1957, pp. 15-28. Este ensaio foi publicado pela primeira vez como panfleto em 1922.

e consumidores devido a uma envolvente homogeneidade originária da produção fabril. A incapacidade das corporações incentivarem a livre expressão dessas atividades humanas resulta "na penúria dos impulsos humanos, na negação das oportunidades, na limitação das atividades benéficas".[6] Embora não chegue a advogar a redução da jornada de trabalho, Whitehead claramente concorda com as objeções de Russell à uniformidade de trabalho e de opinião gerada pelas corporações multinacionais. Na verdade, os pontos de vista de ambos são muito mais parecidos do que geralmente se supõe. Talvez isto ocorra porque a influência recíproca exercida em dez anos de colaboração não cessou após a sua conclusão de *Principia mathematica* (1910-12), seu mais importante resultado.

Em todo caso, Russell escreveu os quinze ensaios de *O elogio ao ócio* ao analisar os prementes problemas sociais dos anos 1930, da mesma forma como fizera nos primeiros anos do século e como continuaria a fazer até a sua morte. A clareza, a argúcia e o domínio da língua inglesa que aplicou a tudo o que escreveu asseguraram que ele fosse amplamente lido, não apenas na Inglaterra e na Europa como também nas Américas, na África e na Ásia. Foram essas consideráveis qualidades que o levaram a ganhar o Prêmio Nobel de Literatura de 1951. Seria um equívoco, no entanto, pensar em Russell como meramente um estilista refinado, pois as ideias contidas nesses ensaios foram tão importantes para a sua época quanto são para a nossa.

Howard Woodhouse
University of Saskatchewan

---

[6] Alfred North Whitehead, "O estudo do passado", in A. H. Johnson (ed.), *Whitehead's American Essays in Social Philosophy*, Nova York, Harper and Brothers, 1959, p. 76. Este ensaio foi publicado pela primeira vez em Harvard Business Review, em 1933.

Prefácio

Os ensaios contidos neste livro tratam de certos aspectos dos problemas sociais que tendem a ser ignorados no fragor da luta política. Eles chamam a atenção para os perigos da organização excessiva no campo do pensamento e do vigor excessivo no campo da ação. Explicam por que não concordo nem com o comunismo nem com o fascismo e por que discordo do que ambos têm em comum. Sustentam que a importância do conhecimento reside não apenas na sua utilidade prática imediata, mas também no fato de ele promover uma atitude mental amplamente contemplativa; sob este ponto de vista, pode-se encontrar utilidade em boa parte do conhecimento hoje em dia classificado como "inútil". E discutem, também, a relação entre a arquitetura e as questões sociais, mais especificamente o bem-estar da criança e a situação da mulher.

Ultrapassando as fronteiras da política, o livro, depois de discutir as características da civilização ocidental e as chances de a raça humana vir a ser subjugada pelos insetos, conclui com uma discussão sobre a natureza da alma. A tese geral que confere unidade aos ensaios é a seguinte: o mundo está sofrendo de intolerância, de fanatismo e da errada convicção de que toda ação enérgica merece a nossa admiração, mesmo quando mal direcionada. E também que a nossa sociedade moderna, tão complexa, precisa de ponderação, de uma firme disposição de pôr em questão todos os dogmas, além de liberdade de pensamento para analisar com isenção os mais diversos pontos de vista.

Dentre os demais ensaios, alguns são novos, outros já foram publicados em revistas, aparecendo aqui com a generosa permissão de seus editores. *O elogio ao ócio* e *O moderno Midas* foram publicados na *Harper's Magazine*; *A genealogia do fascismo* (sob um outro título) foi publicado na Inglaterra em *The Political Quarterly* e nos Estados Unidos em *The Atlantic Monthly*; *Cila e Caribde, ou comunismo e fascismo* foi publicado em *The Modern Monthly*; *A homogeneidade moderna*, em *The Outlook* (hoje *The New Outlook*), de Nova York; *Educação e disciplina*, em *The New Statesman and Nation*. Devo também agradecer a Peter Spence, pelas sugestões e pela discussão da maioria dos temas.

Capítulo 1
O elogio ao ócio

Como muitos homens da minha geração, fui educado segundo os preceitos do provérbio que diz que o ócio é o pai de todos os vícios. E, como sempre fui um jovem virtuoso, acreditava em tudo o que me diziam, razão pela qual adquiri esta consciência que me faz trabalhar duro até hoje. Mas apesar de a consciência ter controlado as minhas ações, minhas opiniões sofreram uma verdadeira revolução. Eu acho que se trabalha demais no mundo de hoje, que a crença nas virtudes do trabalho produz males sem conta e que nos modernos países industriais é preciso lutar por algo totalmente diferente do que sempre se apregoou.

É bastante conhecida a história do viajante que, ao ver doze mendigos deitados ao sol, na cidade de Nápoles (isto foi antes da época de Mussolini), disse que queria dar uma lira ao mais preguiçoso. Onze se levantaram para disputá-la, e então o viajante a deu ao décimo segundo. Foi uma decisão acertada. Mas nos países que não podem desfrutar o sol do Mediterrâneo, o ócio é mais difícil e vai ser preciso muita propaganda para fazê-lo vingar. Eu gostaria que os líderes da YMCA[7] iniciassem, após a leitura das próximas páginas, uma campanha para persuadir os jovens de boa índole a não fazerem nada. Se fizerem isso, eu não terei vivido em vão.

Antes de apresentar meus argumentos em favor da preguiça, devo excluir uma tese que considero inaceitável. Sempre que um indivíduo que já tem o bastante para viver se propõe a exercer uma ocupação cotidiana, como a de professor ou datilógrafo, vem alguém lhe dizer que isto é um crime, que está tirando o pão da boca de outro. Se este argumento fosse válido, bastaria que ficássemos todos parados para ter nossas bocas devidamente alimentadas. O que essa gente esquece é que as pessoas geralmente gastam o que ganham e gastando geram empregos. Quando uma pessoa gasta seu rendimento, está alimentando com este gasto tantas bocas quanto as que esvazia com seu ganho. O verdadeiro

---

[7] YMCA: Associação Cristã de Moços (Young Men's Christian Association). (N.T.)

vilão, sob este ponto de vista, é o indivíduo que poupa. Se ele apenas deixa sua poupança num pé-de-meia, é claro que não está ajudando a criar empregos. Mas se ele investe sua poupança, a questão é menos óbvia, e criam-se diferentes situações.

Uma das maneiras mais comuns de se aplicar a poupança é emprestando-a ao governo. Mas considerando que o grosso do gasto público da maioria dos governos civilizados consiste na cobertura de despesas das guerras passadas e na preparação das guerras futuras, a pessoa que empresta seu dinheiro ao governo encontra-se na mesma posição do vilão que contrata assassinos. O resultado líquido dessa prática econômica é aumentar a força armada do Estado ao qual a pessoa emprestou sua poupança. Melhor seria, obviamente, que ela gastasse seu dinheiro, mesmo que fosse no jogo ou na bebida.

Mas pode-se dizer que a situação é completamente diferente se a poupança for investida em empresas industriais. Quando essas empresas prosperam, produzindo coisas úteis, esta afirmação é admissível. Mas nos dias que correm, ninguém há de negar a situação falimentar da maioria das empresas. Isto significa que uma enorme quantidade de trabalho humano que poderia ter sido alocado na produção de coisas passíveis de serem usufruídas foi gasta na produção de máquinas que, quando prontas, ficam ociosas sem produzir benefício para ninguém. A pessoa que investe sua poupança em negócios fracassados está, portanto, prejudicando outras pessoas e a si mesma. Se ela gastasse seu dinheiro dando festas, por exemplo, seus amigos ficariam felizes (é o que se espera), bem como todos aqueles com quem seu dinheiro foi gasto: o açougueiro, o padeiro e o fornecedor de bebidas. Mas se a pessoa o gasta, digamos, na construção de ferrovias para trens de superfície num lugar onde os trens de superfície são inadequados, terá desviado uma enorme quantidade de trabalho por canais que não trazem qualquer benefício a ninguém. No entanto, se essa pessoa empobrece com o insucesso de seu investimento, será vista como vítima de uma desgraça imerecida, ao passo que o alegre esbanjador, que gastou seu dinheiro filantropicamente, será desprezado como pessoa tola e frívola.

Mas tudo isso são apenas preliminares. Quero dizer, com toda a seriedade, que muitos malefícios estão sendo causados no mundo moderno pela crença na virtude do trabalho, e pela convicção de que o caminho da felicidade e da prosperidade está na redução organizada do trabalho.

Antes de mais nada: o que é o trabalho? Existem dois tipos de trabalho: primeiro, o que modifica a posição dos corpos na superfície da Terra ou perto dela, relativamente a outros corpos; segundo, o que manda que outras pessoas façam o primeiro. O primeiro tipo é desagradável e mal pago, o segundo é agradável e muito bem pago. O segundo tipo pode ser estendido indefinidamente: além daqueles que dão ordens, há os que dão conselhos a respeito das ordens que devem ser dadas. Geralmente, dois tipos opostos de conselhos são dados simultaneamente por dois grupos organizados, e a isto se chama de política. A qualificação necessária para este tipo de trabalho não é o conhecimento do tema a respeito do qual se dão conselhos, mas o conhecimento da arte de falar e escrever convincentemente, isto é, da propaganda.

Por toda a Europa, embora não nos Estados Unidos, existe uma terceira classe de pessoas que é mais respeitada do que ambas as classes de trabalhadores. São pessoas que, por meio da propriedade da terra, têm o poder de fazer com que outras paguem pelo privilégio de poder existir e trabalhar. Esses proprietários de terra são ociosos, donde se poderia esperar que eu os elogiasse. Infelizmente, o seu ócio só é possível devido ao trabalho dos outros e, na verdade, a sua aspiração a um ócio confortável é, historicamente, a origem de todo o evangelho do trabalho. A última coisa que essa gente jamais desejou é que outros seguissem o seu exemplo.

Do início da civilização até a Revolução Industrial, um homem era em geral capaz de produzir, trabalhando arduamente, um pouco mais do que o necessário para a própria subsistência e a de sua família, embora sua mulher trabalhasse não menos arduamente e os filhos também adicionassem trabalho logo que atingiam uma idade suficiente. O pouco que excedia a satisfação das necessidades básicas não ficava para os produtores, pois era apropriado pelos guerreiros e sacerdotes. Em épocas de escassez não havia excedente, mas os guerreiros e sacerdotes asseguravam-se os tributos de costume, o que levava muitos trabalhadores à morte por inanição. Este sistema existiu na Rússia até 1917[8] e existe ainda hoje no Oriente. Na Inglaterra, apesar da Revolução Industrial,

---

[8] Desde então, os membros do Partido Comunista sucederam os guerreiros e sacerdotes neste privilégio. (N.A.)

ele se manteve em pleno vigor durante as guerras napoleônicas e persistiu até há cem anos, quando a nova classe dos manufatureiros chegou ao poder. Na América ele foi extinto pela Revolução, menos no Sul, onde se manteve até a Guerra Civil. Um sistema tão duradouro e de fim tão recente há de ter deixado marcas profundas no pensamento e na opinião dos homens. Muitas das ideias correntes acerca do caráter virtuoso do trabalho derivam desse sistema que, no entanto, dada a sua origem pré-industrial, não é adequado ao mundo moderno. A moderna técnica trouxe consigo a possibilidade de que o lazer, dentro de certos limites, deixe de ser uma prerrogativa de minorias privilegiadas e se torne um direito a ser distribuído de maneira equânime por toda a coletividade. A moral do trabalho é uma moral de escravos, e o mundo moderno não precisa da escravidão.

É claro que, se dependesse da sua vontade, os camponeses das comunidades primitivas não entregariam o magro excedente para garantir a subsistência de guerreiros e sacerdotes: teriam preferido produzir menos ou consumir mais. Por isso, no início, foi preciso forçá-los a produzir mais e entregar o excedente. Pouco a pouco, porém, descobriu-se que era possível induzi-los a aceitar uma ética segundo a qual era sua obrigação trabalhar duro, mesmo que uma parte desse trabalho fosse destinada a sustentar o ócio de outros. Reduziram-se, desse modo, tanto a necessidade de coerção quanto as despesas do governo. Ainda hoje, 99% dos assalariados britânicos receberiam com total espanto a proposta de que o rei tivesse rendimentos iguais ao de um trabalhador comum. A ideia do dever, historicamente falando, foi um meio usado pelos detentores do poder para convencer os demais a dedicarem suas vidas ao benefício de seus senhores, mais do que aos próprios interesses. É claro que os detentores do poder escondem tal fato de si mesmos, procurando acreditar que seus interesses particulares são idênticos aos interesses maiores da humanidade. Isto é verdade em algumas situações: os proprietários de escravos atenienses, por exemplo, empregavam parte de seu lazer em contribuições permanentes à civilização, o que teria sido impossível sob um sistema econômico justo. O lazer é essencial à civilização e, em épocas passadas, o lazer de uns poucos só era possível devido ao trabalho da maioria. Este trabalho era valioso, não porque o trabalho é bom, mas porque o lazer é bom. E, com a técnica moderna, seria possível a justa distribuição do lazer sem nenhum prejuízo para a civilização.

A técnica moderna tornou possível a drástica redução da quantidade de trabalho necessária para garantir a todos a satisfação de suas necessidades básicas. Isso ficou claro durante a Primeira Guerra Mundial. Todos os membros das forças armadas, todos os homens e mulheres engajados na produção de munições, na espionagem, na propaganda de guerra e nas funções de governo ligadas à guerra foram sacados das ocupações produtivas. Apesar disso, o nível geral de bem-estar físico entre os assalariados não qualificados do lado dos aliados era mais alto do que antes e até do que depois da guerra. A guerra demonstrou claramente que, por meio da organização científica da produção, uma pequena parte da capacidade de trabalho do mundo moderno é suficiente para que a população desfrute um nível de conforto satisfatório. E se, ao final da guerra, tivesse sido preservada a organização científica criada para liberar os homens para a tarefa de lutar e municiar, e se a jornada de trabalho tivesse sido reduzida a quatro horas, estaria tudo certo. Em vez disso, foi restaurado o antigo caos — aqueles cujo trabalho era necessário voltaram às suas longas horas de trabalho, os demais foram deixados à míngua como desempregados. Por quê? Porque o trabalho é um dever, as pessoas não devem receber salários proporcionais à sua produção, mas à virtude demonstrada em seu esforço.

Esta é a moral do Estado escravista, aplicada a circunstâncias totalmente diferentes daquelas em que ele existiu. Não admira que o resultado seja desastroso. Vejamos um exemplo. Suponhamos que, num dado momento, uma certa quantidade de pessoas está empregada na fabricação de alfinetes. Elas produzem todos os alfinetes de que o mundo necessita, trabalhando, digamos, oito horas por dia. Então surge um invento com o qual as mesmas pessoas podem produzir o dobro da quantidade de alfinetes que produziam antes. Mas o mundo não precisa de duas vezes mais alfinetes: eles já são tão baratos que dificilmente se comprarão mais alfinetes por causa da baixa dos preços. Num mundo sensato, todas as pessoas envolvidas na produção de alfinetes passariam a trabalhar quatro horas por dia, em vez de oito, e tudo mais continuaria como antes. Mas, no mundo em que vivemos, isto seria considerado uma desmoralização. Permanece a jornada de oito horas, sobram alfinetes, alguns empregadores vão à falência e metade dos homens antes alocados na fabricação de alfinetes perde seu emprego. No final, a quantidade de lazer é a mesma de antes, porém, enquanto metade das pessoas está totalmente ociosa, a outra metade é submetida ao sobretrabalho. Dessa forma, assegura-se a crença de que o inevitável lazer causará a miséria por toda parte, em vez de ser uma fonte universal de felicidade. Pode-se imaginar coisa mais insana?

A ideia de que os pobres devem ter direito ao lazer sempre chocou os ricos. Na Inglaterra do início do século XIX, a jornada de trabalho de um homem adulto tinha quinze horas de duração. Algumas crianças cumpriam, às vezes, essa jornada, e para outras a duração era de doze horas. Quando uns abelhudos intrometidos vieram afirmar que a jornada era longa demais, foi-lhes dito que o trabalho mantinha os adultos longe da bebida e as crianças afastadas do crime. Eu era ainda criança quando, pouco depois de os trabalhadores urbanos terem conquistado o direito de voto, e para a total indignação das classes superiores, os feriados públicos foram legalmente instituídos. Lembro-me de uma velha duquesa exclamando: "O que querem os pobres com esses feriados? Eles deviam estar trabalhando." Hoje em dia as pessoas são menos francas, mas o sentimento persiste, e é fonte de boa parte de nossa confusão econômica.

Não pretendo insistir no fato de que, em todas as sociedades modernas, fora a URSS, muita gente consegue escapar até mesmo de um mínimo de trabalho: os que vivem de herança e os que casam por dinheiro. Eu penso que o fato de se permitir que essas pessoas sejam ociosas não é nem de longe tão nocivo quanto o fato de se exigir dos assalariados que escolham entre o sobretrabalho e a privação.

Se o assalariado comum trabalhasse quatro horas por dia, haveria bastante para todos, e não haveria desemprego — supondo-se uma quantidade bastante modesta de bom senso organizacional. Essa ideia choca as pessoas abastadas, que estão convencidas de que os pobres não saberiam o que fazer com tanto lazer. Nos Estados Unidos, os homens costumam trabalhar longas horas, mesmo quando já desfrutam de uma ótima situação, e ficam sinceramente indignados com a ideia do lazer para os trabalhadores, a não ser na forma do castigo cruel do desemprego. Na verdade, eles rejeitam o lazer até para os seus filhos. De um modo muito estranho, ao mesmo tempo que desejam que seus filhos trabalhem tanto que não tenham tempo de se civilizarem, esses homens não se importam que suas esposas e filhas não se dediquem a trabalho algum. A inutilidade esnobe, que nas sociedades aristocráticas se estende a ambos os sexos, numa plutocracia é limitada às mulheres. Isso, porém, não torna a inutilidade mais de acordo com o bom senso.

O uso judicioso do lazer, devo admitir, é produto da civilização e da educação. Um homem que toda a sua vida trabalhou longas horas irá se sentir entediado se ficar ocioso de repente. Mas, sem uma quantidade adequada de lazer, a pessoa fica privada de muitas coisas boas. Não há mais nenhum motivo pelo qual a maioria da população deva sofrer tal privação, e só um ascetismo tolo faz com que continuemos a insistir no excesso de trabalho quando não há mais necessidade. Mas o que acontecerá quando se chegar à situação em que o conforto seja acessível a todos sem a necessidade de tantas horas de trabalho?

No Ocidente, temos várias formas de lidar com esse problema. Não nos empenhamos nem um pouco na realização da justiça econômica, de modo que a maior parte do produto total fica nas mãos de uma minoria, boa parte da qual simplesmente não trabalha. Devido à total ausência de controle central sobre a produção, produzimos uma imensa quantidade de coisas de que não precisamos. Mantemos ociosa uma parcela considerável da população trabalhadora, que se torna dispensável justamente porque se impõe o sobretrabalho à outra parcela. Quando esse método se revela inadequado, fazemos a guerra: colocamos um monte de gente para fabricar explosivos e outro tanto para explodi-los, tal como crianças que acabaram de descobrir os fogos de artifício. Combinando todos esses mecanismos, somos capazes, ainda que com alguma dificuldade, de manter viva a noção de que uma grande quantidade de trabalho manual é o quinhão inevitável do homem comum.

Movimentar a matéria em quantidades necessárias à nossa existência não é, decididamente, um dos objetivos da vida humana. Se fosse, teríamos de considerar qualquer operador de britadeira superior a Shakespeare. Fomos enganados nessa questão por dois motivos. Um é a necessidade de manter os pobres aplacados, o que levou os ricos a pregarem, durante milhares de anos, a dignidade do trabalho, enquanto tratavam de se manter indignos a respeito do mesmo assunto. O outro são os novos prazeres do maquinismo, que nos delicia com as espantosas transformações que podemos produzir na superfície da Terra. Nenhum desses motivos exerce um especial fascínio sobre o verdadeiro trabalhador. Se lhe perguntarmos qual é a melhor parte de sua vida, ele dificilmente responderá: "É o trabalho manual, que sinto como a realização da mais nobre das tarefas humanas, e também porque fico feliz em pensar na capacidade que tem o homem de transformar o planeta. É verdade que meu corpo precisa de horas de descanso, que procuro preencher da melhor forma, mas meu maior prazer é ver raiar o dia para poder voltar ao trabalho, que é a fonte da minha felicidade." Nunca ouvi nada do gênero saindo da boca de nenhum trabalhador. Eles encaram o trabalho como deve ser encarado, uma forma de ganhar a vida, e é do lazer que retiram, aí sim, a felicidade que a vida lhes permite desfrutar.

Há quem diga que o lazer só é prazeroso até certo ponto e que as pessoas não saberiam como preencher o seu dia se tivessem uma jornada de quatro horas. Considerar isto uma verdade no mundo moderno constitui uma condenação da nossa civilização. As coisas jamais foram assim. A antiga propensão para a despreocupação e o divertimento foi de certo modo inibida pelo culto da eficiência. O homem moderno acha que qualquer atividade deve ser exercida em prol de outras coisas, nunca da coisa mesma. Há, por exemplo, pessoas sisudas que condenam o hábito de ir ao cinema, dizendo que ele induz a juventude ao crime. Mas o trabalho necessário à produção dos filmes é tido como respeitável, porque é trabalho, e porque gera lucro. A noção de que atividade boa é aquela que produz lucro constitui uma completa inversão da ordem das coisas. O açougueiro que lhe vende carne e o padeiro que lhe vende pão são dignos de louvor, porque estão ganhando dinheiro. Mas se você come com deleite e vagar a comida que eles lhe venderam, você é um frívolo, a menos que só esteja comendo para ter energia para trabalhar. De modo geral, o que se diz é que ganhar dinheiro é bom e gastar dinheiro é ruim. Como se trata dos dois lados da mesma transação, tudo isso é um completo disparate. Todo mérito que possa existir na produção de bens tem de advir, forçosamente, do proveito que se obtém em consumi-los. Em nossa sociedade, o indivíduo trabalha pelo lucro, mas a finalidade social de seu trabalho reside no consumo daquilo que ele produz. O divórcio entre os fins individuais e os fins sociais da produção é o que torna tão difícil pensarmos com clareza num mundo em que a busca do lucro constitui o único incentivo ao trabalho. Pensamos demais na produção e de menos no consumo. Por isso, acabamos dando pouca importância ao desfrute e à felicidade e deixamos de avaliar a produção pela satisfação que ela proporciona ao consumidor.

Quando sugiro a redução da jornada de trabalho para quatro horas, não quero com isso dizer que o tempo remanescente deveria necessariamente ser gasto em frivolidades. Quero dizer que quatro horas diárias de trabalho deveriam ser suficientes para dar às pessoas o direito de satisfazer as necessidades básicas e os confortos elementares da vida, e que o resto de seu tempo deveria ser usado da maneira que lhes parecesse mais adequada. Uma condição fundamental de um tal sistema social é que a educação ultrapasse as suas atuais fronteiras e adote como parte de seus objetivos o cultivo de aptidões que capacitem as pessoas a usar seu lazer de maneira inteligente. E não estou aqui pensando apenas em atividades supostamente "intelectualizadas". As danças camponesas desapareceram, salvo nas áreas rurais mais remotas, mas ainda devem existir na natureza humana os impulsos que as fizeram florescer. Os prazeres das populações urbanas se tornaram fundamentalmente passivos: ver filmes, assistir a partidas de futebol, ouvir rádio e assim por diante. Isso ocorre porque as energias ativas da população estão totalmente absorvidas pelo trabalho. Se as pessoas tivessem mais lazer, voltariam a desfrutar prazeres em que participassem ativamente.

No passado havia uma pequena classe ociosa e uma grande classe trabalhadora. A classe ociosa desfrutava vantagens que não tinham qualquer fundamento na justiça social, o que tornou essa classe inapelavelmente opressora, limitou seu sentido de solidariedade e levou-a a inventar teorias para justificar seus privilégios. Isso fez diminuir enormemente a sua excelência, mas não a impediu de ter contribuído para quase tudo o que hoje chamamos de civilização. Ela cultivou as artes e descobriu as ciências, escreveu os livros, inventou as filosofias e aperfeiçoou as relações sociais. Mesmo a libertação dos oprimidos foi geralmente iniciada a partir de cima. Sem a classe ociosa, a humanidade nunca teria emergido da barbárie.

O método da hereditariedade de uma classe ociosa que não possuía qualquer obrigação gerou, no entanto, um extraordinário desperdício. Nenhum de seus membros aprendeu a ser diligente, e a classe como um todo não primava pelo brilho intelectual. Esta classe foi capaz de produzir um Darwin, mas a este se opunham dezenas de milhares de proprietários rurais que jamais pensaram em coisas mais inteligentes do que caçar raposas e punir invasores de propriedades. Hoje espera-se que as universidades produzam de modo mais sistemático aquilo que a classe ociosa produzia apenas acidentalmente, como mero subproduto. Trata-se de um grande avanço, mas que tem seus inconvenientes. A vida universitária é tão diferente da vida no mundo exterior que, no meio acadêmico, as pessoas tendem a ficar alheias às preocupações e problemas dos homens e mulheres comuns. Além disso, elas utilizam um jargão de tal forma especializado que em geral as opiniões que expressam deixam de exercer a influência que deveriam ter sobre o público em geral. Outra desvantagem é que os estudos universitários são estruturados de tal forma que alguém que conceba uma linha original de pesquisa frequentemente se sente desencorajado. As instituições acadêmicas, por mais úteis que sejam, não são os guardiães adequados dos interesses da civilização num mundo em que todos os que vivem fora de seus limites estão ocupados demais para dar atenção a atividades não utilitárias.

Num mundo em que ninguém tenha de trabalhar mais do que quatro horas diárias, todas as pessoas poderão saciar a curiosidade científica que carregarem dentro de si e todo pintor poderá pintar seus quadros, sem passar por privações, independentemente da qualidade de sua arte. Jovens escritores não precisarão buscar a independência econômica indispensável às obras monumentais, para as quais já terão perdido o gosto e a capacidade quando o momento chegar. Pessoas que em seu trabalho profissional se tenham interessado por alguma fase da economia ou da política poderão desenvolver suas ideias sem aquele distanciamento acadêmico que faz o trabalho dos economistas das universidades parecer muitas vezes carente de senso da realidade. Os médicos terão tempo de estudar os progressos da medicina e os professores não precisarão se desesperar por estarem repetindo com métodos rotineiros ensinamentos que aprenderam na juventude e que, nesse meio-tempo, podem já ter se tornado comprovadamente falsos.

Acima de tudo haverá felicidade e alegria de viver, em vez de nervos em frangalhos, fadiga e má digestão. O trabalho exigido será suficiente para tornar agradável o lazer, mas não levará ninguém à exaustão. E como não estarão cansadas nas horas de folga, as pessoas deixarão de buscar diversões exclusivamente passivas e monótonas. Uma pequena parcela dedicará, com certeza, o tempo não gasto na ocupação profissional a atividades de alguma utilidade pública, e, como não dependerão dessas atividades para a sua sobrevivência, não terão a originalidade tolhida e nem necessidade de se amoldarem aos padrões estabelecidos pelos velhos mestres.

Mas não é somente nessas situações excepcionais que as vantagens do lazer aparecerão. Homens e mulheres comuns, tendo chance de viverem vidas felizes, se tornarão mais afáveis, menos persecutórios e menos propensos a olhar os outros com desconfiança. O gosto pela guerra desaparecerá, em parte por este motivo, em parte porque a guerra implicará trabalho longo e penoso para todos. Dentre todas as qualidades morais, a boa índole é aquela de que o mundo mais precisa, e ela é o resultado da segurança e do bem-estar, não de uma vida de luta feroz. Os modernos métodos de produção tornaram possíveis a segurança e o bem-estar para uma parcela maior de pessoas, mas, apesar disso, continuamos preferindo o sobretrabalho para alguns e a penúria para os demais. Ainda somos tão energéticos quanto éramos antes de existirem as máquinas. Nesse aspecto, temos sido tolos, mas não há razão para sermos tolos para sempre.

Capítulo 2

O conhecimento "inútil"

Francis Bacon, um homem que galgou a fama traindo seus amigos, afirmou que "conhecimento é poder", uma lição indubitavelmente amadurecida pela experiência. O tipo de conhecimento que Bacon tinha em mente é aquele que chamamos de científico. Sua ênfase na importância da ciência foi um resgate tardio das tradições dos árabes e da alta Idade Média, para as quais o conhecimento consistia basicamente na astrologia, na alquimia e na farmacologia, todas elas ramos da ciência. Um homem instruído era aquele que, tendo dominado esses estudos, adquirira poderes mágicos. No início do século XI, o papa Silvestre II, não por outra razão senão a de que lia livros, era universalmente considerado um mágico que tinha parte com o diabo. Bacon supunha — corretamente, como sabemos agora — que a ciência era uma vara de condão mais poderosa do que qualquer coisa jamais sonhada pelos necromantes de todas as épocas.

A Renascença, que estava em seu auge na Inglaterra dos tempos de Bacon, trouxe consigo a revolta contra a concepção utilitária do conhecimento. Os gregos tinham familiaridade com Homero, tal como nós temos com as canções de auditório, não por estarem empenhados na busca do conhecimento, mas simplesmente porque gostavam dele. No entanto, os homens do século XVI não teriam sido capazes de entender Homero sem a prévia aquisição de uma considerável erudição linguística. Eles admiravam os gregos e não queriam se ver privados de seus prazeres. Trataram pois de copiá-los, tanto na leitura dos clássicos quanto sob outras formas menos confessáveis. Instruir-se, na Renascença, fazia parte da alegria de viver, tanto quanto beber ou amar. E isto valia não só para a literatura como também para estudos mais sisudos. É bastante conhecida a história do primeiro contato de Hobbes com Euclides: ao abrir casualmente o livro no Teorema de Pitágoras, ele exclamou: "Meu Deus, isto é impossível", e prosseguiu lendo as demonstrações, de trás para a frente, até que, ao chegar aos axiomas, acabou se convencendo. Não se pode duvidar que este tenha sido para ele um momento de volúpia, um clarão provocado pela ideia da utilidade da geometria na medição dos campos.

A principal causa da Renascença foi o prazer mental, a restauração de uma certa riqueza e liberdade na arte e na especulação que haviam sido perdidas na época em que a ignorância e a superstição punham antolhos na imaginação.

Descobriu-se que os gregos haviam dedicado uma parte de sua atenção a temas não puramente literários ou artísticos, como a filosofia, a geometria e a astronomia. Estes eram, pois, estudos respeitáveis, ao passo que outras ciências estavam sujeitas a questionamentos. A medicina, é verdade, fora enobrecida por nomes como Hipócrates e Galen; mas nesse meio-tempo havia permanecido quase que totalmente limitada aos árabes e judeus e inextricavelmente entrelaçada à magia. Daí a reputação ambígua de um homem como Paracelsus. A química tinha ainda pior reputação, não tendo logrado tornar-se respeitável antes do século XVIII.

Foi assim que o conhecimento do grego e do latim, com umas pinceladas de geometria e de astronomia talvez, passou a ser considerado a bagagem intelectual do fidalgo. Os gregos desprezaram as aplicações práticas da geometria, e foi já em sua fase de declínio que encontraram, na astrologia, um uso para a astronomia. Em geral, nos séculos XVI e XVII estudou-se a matemática com uma indiferença helênica e tendeu-se a ignorar aquelas ciências que haviam sido rebaixadas por sua ligação com a bruxaria. A mudança gradual em direção a uma concepção mais ampla e prática do conhecimento, ocorrida ao longo do século XVIII, foi subitamente acelerada pela Revolução Francesa e pelo crescimento do maquinismo. A Revolução deu um golpe na cultura fidalga e o maquinismo criou um novo e extraordinário campo de ação para o exercício de habilidades destituídas de toda fidalguia. Ao longo dos últimos 150 anos, as pessoas passaram a questionar o valor do chamado conhecimento "inútil" com um vigor crescente, passando a acreditar mais e mais que o único conhecimento digno de mérito é aquele que se pode aplicar a algum setor da vida econômica da coletividade.

Em países como a França e a Inglaterra, que possuem sistemas educacionais tradicionais, a visão utilitária do conhecimento prevalece apenas em parte. Por exemplo, ainda há nas universidades professores de chinês que estudam os clássicos mas desconhecem as obras de Sun Yat-sen, o homem que criou a China moderna. Outros conhecem a história da antiguidade desde que narrada por autores de estilo puro, isto é, anteriores a Alexandre na Grécia e Nero em Roma. Recusam-se a estudar a história subsequente, muito mais importante, por desprezarem o talento literário de seus historiadores. Mas, mesmo na França e na Inglaterra, a velha tradição está morrendo, e em países mais novos, como a Rússia e os Estados Unidos, está totalmente extinta. Nos EUA, por exemplo, comissões educacionais verificaram que a maioria das pessoas emprega um máximo de 1.500 palavras na correspondência comercial, e por isso sugerem que todas as outras deveriam ser dispensadas do currículo escolar. O inglês básico, uma invenção britânica, vai ainda mais longe, reduzindo o vocabulário necessário a oitocentas palavras. A concepção do valor estético do discurso está desaparecendo e já se começa a pensar que o único propósito das palavras é transmitir informações práticas.

Em toda parte, o conhecimento vai deixando de ser visto como um bem em si mesmo ou como um meio de criar-se uma perspectiva de vida humana e abrangente e se transforma em mero ingrediente da aptidão técnica. A interdependência econômica e política aumentou extraordinariamente e, com ela, também as pressões sociais que obrigam as pessoas a adotarem modos de vida considerados úteis por seus semelhantes. Os estabelecimentos de ensino, exceção feita àqueles destinados aos muito ricos ou, na Inglaterra, aos que se tornaram intocáveis por sua antiguidade, não são livres para gastar seus recursos como melhor lhes convém. Devem antes provar ao Estado que servem aos propósitos úteis de prover qualificação técnica e infundir lealdade. Este é um componente do movimento que levou ao serviço militar obrigatório, ao escotismo, à organização dos partidos políticos e à disseminação da paixão política pela imprensa. Estamos todos mais atentos aos nossos concidadãos, mais ávidos — se somos virtuosos — de fazer-lhes o bem e, em todo caso, de conseguir que eles nos façam o bem. Não nos agrada pensar que alguém possa gozar a vida preguiçosamente, por mais culta que seja a qualidade desse gozo. Achamos que todos deviam estar fazendo algo pela grande causa (qualquer que seja), sentimento tanto mais forte quanto mais gente má existe trabalhando contra ela. Não temos, portanto, tempo mental para adquirir outros conhecimentos além daqueles que hão de nos ajudar na luta pelas coisas que consideramos importantes.

Há muito o que dizer sobre a visão estreitamente utilitária da educação. Não temos tempo de aprender tudo antes de começar a ganhar a vida e não resta dúvida de que o conhecimento "útil" é *muito* útil. Foi ele que construiu o mundo moderno. Sem ele não teríamos máquinas, automóveis, ferrovias nem aviões. Não teríamos também a propaganda moderna, deve-se acrescentar. O conhecimento moderno trouxe uma imensa melhoria nos níveis de saúde e descobriu, também, como exterminar toda a população das grandes cidades com gases venenosos. Tudo o que distingue o nosso mundo atual das épocas anteriores tem sua fonte no conhecimento "útil". Mas como nenhuma nação o possui ainda em quantidade suficiente, não resta dúvida de que a educação deve continuar a promovê-lo.

Deve-se admitir também que uma boa parte da educação cultural tradicional era totalmente descabida. Ensinava-se gramática grega e latina durante anos a fio a meninos que, no final das contas, não tinham capacidade nem vontade (com raras e honrosas exceções) de ler os originais dessas línguas. Sob qualquer ponto de vista, o ensino de história e de línguas modernas é preferível ao grego e ao latim. São disciplinas não apenas mais úteis, mas capazes de proporcionar muito mais cultura em muito menos tempo. Para um italiano do século XV era diferente, pela simples razão de que quase tudo o que havia de relevante para se ler, fora de sua própria língua, vinha escrito em grego ou em latim, que por isso constituíam as chaves do acesso à cultura. Mas grandes literaturas se desenvolveram desde então nas diversas línguas modernas, além de que o desenvolvimento da civilização foi tão rápido que o conhecimento da antiguidade tornou-se muito menos útil para a compreensão dos problemas atuais do que o conhecimento das nações modernas e sua história. O ponto de vista do mestre-escola tradicional, tão respeitável na época do renascimento do saber, tornou-se pouco a pouco demasiado estreito, porque ignorava tudo o que ocorrera no mundo a partir do século XV. E não apenas as línguas modernas e a história, mas também as ciências, quando adequadamente ensinadas, contribuem para a cultura. Pode-se afirmar, portanto, que a educação deve ter outros propósitos além da utilidade imediata, sem que isto implique a defesa do currículo tradicional. Utilidade e cultura, quando concebidas de maneira abrangente, mostram-se menos incompatíveis do que possa parecer aos fanáticos defensores de cada uma.

Além das situações em que cultura e utilidade imediata se podem combinar, o conhecimento que não contribui para a eficiência técnica possui diversas formas de utilidade indireta. Eu creio que muitos aspectos negativos do mundo moderno poderiam ser minimizados se houvesse mais incentivo a esse tipo de conhecimento e repúdio à procura insaciável da mera competência profissional.

Quando a atividade consciente dos indivíduos fica totalmente concentrada num único propósito, o resultado, na maioria dos casos, é uma perda de equilíbrio seguida de alguma espécie de distúrbio nervoso. Os homens que dirigiam a política alemã durante a guerra cometeram erros, como por exemplo a insensata campanha submarina que levou a América para o lado dos aliados. Tratava-se de um erro evidente para qualquer observador isento, mas que eles não foram capazes de julgar lucidamente devido ao excesso de concentração mental e à falta de descanso. Coisas assim podem ser observadas sempre que os homens se engajam em tarefas que impõem uma tensão prolongada sobre os impulsos espontâneos. Quando as tarefas são de fato tão importantes e exequíveis quanto esses fanáticos supõem, o resultado pode ser espetacular. Mas, na maioria dos casos, essa estreiteza de perspectivas leva à desconsideração de forças contrárias poderosas, ou faz com que tais forças tenham o aspecto de obra do demônio, a ser enfrentada por meio da punição e do terror. Adultos e crianças têm necessidade de lazer, isto é, de períodos de atividade sem outro propósito além do gozo imediato. Mas para que o lazer sirva à sua finalidade é necessário que se tenha prazer e interesse em assuntos não relacionados ao trabalho.

As diversões das modernas populações urbanas tendem a ser cada vez mais passivas e coletivas, consistindo na observação inativa das habilidades dos outros. Não resta dúvida de que essas diversões são melhores do que nenhuma diversão, mas nada que se compare com as de uma população que tivesse adquirido, através da educação, uma ampla gama de interesses inteligentes não relacionados ao trabalho. Uma organização econômica mais adequada, que permitisse à humanidade beneficiar-se da produtividade das máquinas, levaria com certeza a um grande aumento do lazer; e lazer de sobra só é tedioso para quem não dispõe de uma boa quantidade de interesses e atividades inteligentes. Para que uma população ociosa seja feliz, ela deve ser uma população educada, e educada com uma visão de um deleite mental equivalente à da utilidade imediata do conhecimento técnico.

Quando o componente cultural na formação do conhecimento é assimilado com êxito, ele forma o caráter dos pensamentos e desejos das pessoas, levando-as a se ocuparem, ao menos em parte, de temas amplos e impessoais, e não apenas de seus interesses imediatos. É muito difundida a suposição fácil de que as capacidades adquiridas por meio do conhecimento serão usadas em benefício da sociedade. A concepção estreitamente utilitária da educação ignora a necessidade de os indivíduos serem tão bem treinados em seus propósitos quanto em suas qualificações. A natureza humana não treinada contém um forte componente de crueldade, que se apresenta de várias formas, grandes e pequenas. Na escola, os meninos tendem a ser cruéis com os novos alunos, ou com aqueles que vestem roupas diferentes da maioria. Muitas mulheres (e não poucos homens) gostam de fazer sofrer por meio da maledicência. Os espanhóis gostam de touradas; os ingleses, de caçadas. São esses mesmos impulsos cruéis os que assumem formas mais graves na perseguição aos judeus na Alemanha e aos *kulaks* na Rússia. Toda forma de imperialismo lhes proporciona um campo de ação, e na guerra eles são santificados como a forma mais elevada do dever social.

Mas se por um lado é preciso admitir que as pessoas altamente instruídas são às vezes cruéis, eu creio não haver dúvida de que o são menos frequentemente do que aquelas cujas mentes permaneceram incultas. O valentão da escola raramente é um menino que tira notas acima da média. Os líderes dos linchamentos quase que invariavelmente são homens ignorantes. Não porque o refinamento mental produza sentimentos humanitários positivos, ainda que possa fazê-lo, mas porque cria outros interesses que não o de maltratar o próximo e fontes de autoestima que prescindem da afirmação pela dominação. As duas coisas mais universalmente desejadas são o poder e a admiração. Pessoas ignorantes só podem obtê-los, de um modo geral, por meios brutais, que supõem a conquista da supremacia física. A cultura proporciona às pessoas formas menos nocivas de poder e meios mais dignos de se fazerem admiradas. Galileu fez mais do que qualquer monarca para mudar o mundo, e seu poder era incomensuravelmente maior do que o de seus perseguidores. Não tinha, por conseguinte, nenhuma razão para querer se tornar ele próprio um perseguidor.

A vantagem mais importante do conhecimento "inútil" é, talvez, a de incentivar a atitude mental contemplativa. O mundo tem revelado uma exagerada tendência para a ação, não apenas uma ação sem prévia e adequada reflexão, mas também uma ação em momentos em que a sabedoria teria aconselhado a inação. Essa tendência se manifesta de muitas formas, algumas bem curiosas. Ostenta-se Hamlet como uma terrível advertência contra o pensamento sem ação, mas não se ostenta Othelo como advertência contra a ação sem pensamento. Alguns professores, como Bergson, do alto de um certo esnobismo de homem prático, vilipendia a filosofia e diz que a vida em seu máximo fulgor seria parecida com uma carga de cavalaria. De minha parte, penso que a ação é melhor quando provém de uma profunda percepção do universo e do destino humano, e não de ferozes impulsos passionais de autoafirmação, românticos mas desproporcionados. O hábito de buscar-se mais prazer no pensamento do que na ação constitui uma salvaguarda contra a imprudência e contra a paixão pelo poder, um modo de preservar a serenidade diante do infortúnio e a paz de espírito em meio à aflição. A vida confinada ao estritamente pessoal se torna, cedo ou tarde, insuportavelmente dolorosa. Somente através das janelas abertas para um universo maior e menos tormentoso é que os momentos mais trágicos podem ser suportados.

As vantagens da atitude mental contemplativa variam do mais trivial ao mais profundo. Para começar, por pequenos aborrecimentos como pulgas, trens atrasados e sócios intratáveis. Problemas como esses não parecem dignos de reflexões sobre a primazia do heroísmo e a transitoriedade do sofrimento humano, e, no entanto, a irritação que provocam acaba com o bom humor e a alegria de viver de muita gente. Nessas horas há que se buscar consolo em eventuais partículas de sabedoria que tenham relação, real ou imaginária, com o problema do momento, e, mesmo que não tenham, sirvam para desligar o pensamento da situação presente. Quando formos atacados por uma dessas pessoas que ficam brancas de raiva, é bom lembrar o capítulo do *Tratado das paixões*, de Descartes, intitulado "Por que se deve temer mais as pessoas que ficam brancas de raiva do que as que ficam vermelhas". Quando nos impacientamos com as dificuldades que se interpõem no caminho da cooperação internacional, podemos nos aliviar pensando no santo rei Luís IX, que, antes de partir para as Cruzadas, aliou-se ao Velho da Montanha, que aparece nas *Mil e uma noites* como a fonte obscura de metade das maldades do mundo. Diante da capacidade opressiva dos capitalistas, podemos nos consolar com a lembrança de Brutus, esse modelo de virtude republicana que, tendo emprestado dinheiro à cidade, à taxa de 40%, contratou um exército privado para sitiá-la quando deixou de receber os juros.

O aprendizado de curiosidades não apenas torna menos desagradáveis as coisas desagradáveis, como torna ainda mais agradáveis as coisas agradáveis. Eu passei a gostar mais de pêssegos e abricós desde que soube que seu cultivo provém da China dos primórdios da dinastia Han, que foram introduzidos na Índia pelos reféns chineses do grande rei Kaniska, de onde se espalharam para a Pérsia, alcançando o Império Romano no primeiro século de nossa era. Gostei mais depois de aprender que a palavra "abricó" deriva da mesma raiz latina de "precoce", porque o abricó amadurece cedo, e que o "a" do início da palavra foi acrescentado por engano, devido a um erro etimológico. Tudo isso torna mais doces essas frutas.

Há cerca de cem anos, alguns filantropos bem-intencionados fundaram sociedades "para a difusão do conhecimento útil". O resultado foi que as pessoas deixaram de apreciar o delicioso sabor do conhecimento "inútil". Ao abrir ao acaso a *Anatomia da melancolia*, de Burton, num dia em que me sentia ameaçado por esse estado de espírito, descobri a existência de uma "matéria melancólica" que, enquanto alguns acreditam ser produzida pelos quatro humores, "para Galen é produzida por apenas três, excluindo-se a fleuma; afirmação cuja veracidade é sustentada com vigor por Valerius e Menardus, bem como por Fuscius, Montaltus e Montanus. Como pode (dizem eles) o branco tornar-se negro?". Apesar desse argumento irrespondível, Hércules da Saxônia e Cardan, Guianerius e Laurentius são (assim relata Burton) de opinião contrária. Acalmada por essas reflexões históricas, minha melancolia, causada por três ou por quatro humores, se dissipou. Como remédio para o excesso de zelo, sou capaz de imaginar poucas medidas mais eficazes do que um curso de controvérsias ancestrais.

Mas se os prazeres triviais da cultura têm seu lugar como alívio para os aborrecimentos triviais da vida prática, os méritos mais importantes da contemplação estão relacionados aos grandes males da vida — a morte, a dor e a crueldade — e à marcha cega das nações para o desnecessário desastre. Para que suas vidas não se tornem secas e ásperas, e para que não sejam preenchidas com atos triviais de autoafirmação, as pessoas que não conseguem mais encontrar conforto na religião dogmática precisam de algum tipo de substituto. O mundo de hoje está cheio de grupos egocêntricos e radicais, incapazes de ver a vida humana como totalidade, e muito mais dispostos a destruir a civilização do que a ceder um milímetro sequer em suas posições. Para este tipo de estreiteza não há quantidade de instrução técnica que sirva de antídoto. Como se trata de uma questão de psicologia individual, o antídoto há de ser encontrado na história, na biologia, na astronomia e em todos os campos de estudo que, sem destruir o amor-próprio, permitem ao indivíduo ver a si mesmo numa perspectiva justa. O que se necessita não é de tal ou qual informação específica, mas do conhecimento que inspire uma concepção da finalidade da vida humana como um todo: arte e história, familiaridade com a vida das pessoas heroicas, além de um certo entendimento da posição estranhamente acidental e efêmera do homem no cosmos — tudo isso permeado do sentimento de orgulho daquilo que é distintivo do ser humano: o poder de ver e conhecer, de sentir com magnanimidade e de pensar com entendimento. É da combinação do discernimento amplo com a emoção impessoal que brota a sabedoria.

A vida, sempre plena de dor, tem sido mais dolorosa em nossa época do que nos dois séculos precedentes. A tentativa de fugir da dor impele o homem à trivialidade, ao autoengano, à invenção de grandiosos mitos coletivos. Mas esses paliativos transitórios não fazem senão multiplicar, a longo prazo, as fontes de sofrimento. As desgraças públicas e privadas só podem ser dominadas por meio da interação entre a vontade e a inteligência. A vontade se recusando a participar do mal e não aceitando soluções irreais, e a inteligência compreendendo-o, encontrando um remédio se for o mal remediável e, se não for, relativizando-o para torná-lo suportável, aceitando-o como inevitável e lembrando tudo o que existe fora dele, em outras regiões, em outras épocas e nos abismos do espaço interestelar.

Capítulo 3

A arquitetura e questões sociais

Desde as épocas mais remotas, a arquitetura tem dois objetivos: o primeiro, puramente utilitário, de proporcionar abrigo e calor. O segundo, de natureza política, de marcar a humanidade com uma ideia, expressa no esplendor da pedra. O primeiro objetivo era suficiente para a moradia dos pobres, mas os templos dos deuses e os palácios dos reis eram desenhados para inspirar o temor dos poderes celestes e de seus favoritos terrenos. Só em casos excepcionais eram glorificadas as comunidades, não os monarcas: a Acrópole de Atenas e o Capitólio de Roma exibiam a majestade imperial dessas orgulhosas cidades para a edificação moral de seus súditos e aliados. Buscavam-se qualidades estéticas nos edifícios públicos, mais tarde nos palácios dos plutocratas e imperadores, mas não nos casebres dos camponeses, nem nos frágeis cortiços dos proletários urbanos.

No mundo medieval, apesar da maior complexidade da estrutura social, a motivação artística na arquitetura era ainda mais restrita, pois os castelos dos poderosos eram projetados com critérios militares e só acidentalmente possuíam beleza. Não foi o feudalismo, mas a Igreja e o comércio que fizeram surgir as melhores construções da Idade Média. As catedrais exibiam a glória de Deus e de Seus bispos. Foi na Itália, berço da plutocracia moderna, que a arquitetura comercial atingiu a perfeição. Veneza, a noiva do mar, cidade que desviava os cruzados e aterrorizava os monarcas unidos da cristandade, criou um novo tipo de beleza majestática no Palácio dos Doges e nas residências dos príncipes mercadores. Ao contrário dos rudes barões do norte, os magnatas urbanos de Veneza e Gênova não tinham necessidade de isolamento nem de defesas, e viviam lado a lado, criando cidades onde tudo o que estivesse à vista do estrangeiro que não fosse demasiado curioso era esteticamente satisfatório e digno de admiração. Em Veneza, particularmente, a dissimulação da sujeira era mais fácil: os bairros miseráveis ficavam escondidos em becos retirados, não observáveis pelos usuários das gôndolas. Nunca, desde então, a plutocracia alcançou um sucesso tão perfeito e completo.

A Igreja, na Idade Média, construiu não apenas catedrais, mas também outros tipos de edifícios, mais relevantes para nossas necessidades modernas: abadias, monastérios, conventos e universidades. Todos eles foram projetados para acolher uma vida social pacífica. Nesses edifícios, tudo o que se destinava aos indivíduos tinha um caráter simples e espartano, ao passo que o que se destinava à comunidade era belo e espaçoso. A humildade do monge era satisfeita com uma cela rigorosamente nua, e o orgulho da congregação se exibia na amplidão magnífica dos salões, capelas e refeitórios. Na Inglaterra, a maior parte dos monastérios e abadias sobreviveu como ruínas, para o deleite dos turistas, mas as universidades, como Oxford e Cambridge, ainda fazem parte da vida da nação, conservando a beleza do comunalismo medieval.

Com a expansão da Renascença no norte da Europa, os barões incultos da França e Inglaterra cuidaram de adquirir o refinamento dos italianos ricos. Enquanto os Médicis casavam suas filhas com os reis, os poetas, pintores e arquitetos ao norte dos Alpes copiavam os modelos florentinos, e os aristocratas trocavam seus castelos por casas de campo que, indefesas em face de assaltos, marcavam a nova estabilidade de uma nobreza elegante e civilizada. Mas esta estabilidade foi destruída pela Revolução Francesa, e desde então os estilos tradicionais de arquitetura perderam sua vitalidade. Eles sobrevivem onde as velhas formas de poder sobrevivem, como nos acréscimos de Napoleão ao Louvre, embora a vulgaridade ostentosa desses acréscimos exiba a própria instabilidade.

São duas as formas típicas da arquitetura do século XIX, e elas se devem respectivamente à produção mecânica e ao individualismo democrático: a fábrica, com suas chaminés, e as fileiras de casas das famílias trabalhadoras. Enquanto a fábrica representa a organização econômica gerada pela produção industrial, as casas representam o ideal de segregação social de uma população essencialmente individualista. Os grandes edifícios das áreas onde o valor do solo é elevado apresentam uma unidade meramente arquitetural, não social: são blocos de escritórios, edifícios de apartamentos e hotéis cujos ocupantes, em vez de formar comunidades, como nos monastérios, se esforçam o mais possível para não tomar conhecimento da existência de seus vizinhos. E em todo lugar onde o valor da terra é relativamente baixo reafirma-se o princípio da casa unifamiliar. À medida que nos aproximamos de Londres ou de qualquer grande cidade do norte da Inglaterra, por trem, passamos por uma infinidade de ruas com esse modelo de habitação, no qual cada casa é o centro da vida individual, cabendo ao escritório, à fábrica e à mina, dependendo da localidade, representar a vida comunitária. A vida social exterior à família, até onde a arquitetura possa assegurar, é exclusivamente econômica: toda necessidade não econômica deve ser satisfeita no âmbito da família ou permanecer latente. Se julgarmos os ideais sociais de cada época pela qualidade estética de sua arquitetura, os últimos cem anos constituem certamente o nível mais baixo já atingido pela humanidade.

A relação entre a fábrica e o casario enfileirado ilustra uma curiosa incoerência da vida moderna. Enquanto o problema da produção vem envolvendo segmentos sociais cada vez mais numerosos, nossa perspectiva geral em relação aos problemas que nos parecem situados fora da esfera da política e da economia vai se tornando cada vez mais individualizante. Isso se verifica não só em questões de arte e cultura, onde o culto da autoexpressão conduziu a uma revolta anárquica contra todo tipo de tradição e convenção, mas também — talvez como reação ao fenômeno da superpopulação — na vida cotidiana dos homens comuns e, mais ainda, das mulheres comuns. Na fábrica há, forçosamente, uma vida social, que gerou os sindicatos, mas em casa cada família almeja o próprio isolamento. "Eu me reservo para mim mesma", dizem as mulheres. Seus maridos, por sua vez, gostam de imaginá-las em casa, sentadas à espera do chefe da família. Esses sentimentos levam as esposas a suportar, e até mesmo preferir, a casa unifamiliar, a cozinha unifamiliar, o trabalho doméstico unifamiliar e o cuidado unifamiliar dos filhos quando não estão na escola. O trabalho é duro, a vida monótona, e a mulher, uma espécie de prisioneira na própria casa. Mas, mesmo com os nervos em frangalhos, tudo isso lhe parece melhor do que um modo de vida comunitário, porque o isolamento familiar é para ela um importante fator de autoestima.

A preferência por esse tipo de arquitetura está relacionada ao *status* da mulher. Apesar do feminismo e do direito de voto, a posição das esposas, sobretudo na classe trabalhadora, não mudou muito em relação ao que era antes. A esposa ainda depende dos rendimentos do marido e não recebe nenhum salário, por mais árduo que seja o seu trabalho. Sendo profissionalmente uma pessoa de prendas domésticas, ela gosta de ter sua casa para cuidar. A aspiração às oportunidades de iniciativa pessoal, comum à maioria dos seres humanos, não tem para ela outra válvula de escape a não ser o lar. O marido, por sua vez, gosta de sentir que sua esposa trabalha para ele e dele depende economicamente. Mais ainda, o grau de satisfação que sua esposa e sua casa proporcionam ao seu instinto de propriedade não poderia ser alcançado com nenhum outro tipo de arquitetura. Devido à possessividade conjugal, marido e mulher sacrificam com prazer o desejo eventual de uma vida social mais intensa para que o outro não tenha ocasiões de encontrar membros potencialmente perigosos do sexo oposto. Portanto, mesmo que a vida do casal seja tolhida, e a vida da mulher desnecessariamente trabalhosa, nenhum deles aspira a uma organização diferente da sua existência social.

Nada seria dessa forma se a maioria das esposas ganhassem a vida trabalhando fora de casa. Nas grandes cidades, já há mulheres casadas exercendo profissões liberais em quantidade suficiente para nos proporcionar uma aproximação da situação ideal. As mulheres precisam de uma cozinha comunitária para aliviá-las do trabalho das refeições e de uma escola maternal para cuidar de seus filhos durante as horas de trabalho. Em geral se supõe que a mulher casada lamente a necessidade de trabalhar fora de casa. Se, por outro lado, no fim do dia ela tem ainda de executar as tarefas comuns das esposas que não trabalham fora, estará se sujeitando a uma enorme sobrecarga. Uma arquitetura adequada, no entanto, poderia poupar às mulheres a maior parte do trabalho doméstico e do cuidado dos filhos, com vantagens para elas próprias, seus maridos e seus filhos. Nesse caso, a substituição das tradicionais obrigações de esposas e mães pelo trabalho profissional seria um ganho evidente. Todo marido de uma esposa antiquada se convenceria disso se tivesse de substituí-la em suas tarefas durante uma única semana.

O trabalho da esposa do trabalhador nunca se modernizou porque não é remunerado. Na verdade, é um trabalho em parte desnecessário e em parte passível de ser repartido entre especialistas diversos. Para que isso se realize, a primeira reforma seria de natureza arquitetônica. Trata-se de garantir as mesmas vantagens comunitárias que existiam nos monastérios medievais, sem o celibato, suprindo as necessidades dos filhos.

Vamos primeiro considerar as desvantagens desnecessárias do atual sistema, no qual toda a vida doméstica proletária é autocontida, seja na forma da casa unifamiliar ou dos cômodos dos blocos de apartamentos.

Os piores males recaem sobre as crianças. Antes de atingirem a idade escolar, elas desfrutam quantidades ínfimas de sol e ar, e sua alimentação é provida por mães pobres, ignorantes e atarefadas, sem condições de preparar refeições diferenciadas para os adultos e as crianças. Ficando o tempo todo pelo caminho enquanto as mães cozinham e cumprem suas rotinas, acabando irritadiças e sujeitas a um tratamento áspero, só eventualmente alternado com carinhos. Não têm liberdade, espaço, nem ambientes onde suas atividades naturais sejam inofensivas. Essa combinação de circunstâncias tende a torná-las instáveis, neuróticas e ensimesmadas.

Para a mãe, os males também são muito graves. Ela é obrigada a cumprir as obrigações de babá, cozinheira e arrumadeira, para as quais não foi treinada. Quase que inevitavelmente, seu desempenho deixa a desejar, está sempre cansada, e vê nos filhos mais motivos de aborrecimento que de felicidade. O marido fica livre quando termina a jornada de trabalho, mas ela nunca tem direito a qualquer lazer, o que no final só lhe deixa irritação, estreiteza mental e inveja.

Para o homem as desvantagens são menores, porque ele passa menos tempo junto à família. Em casa, é provável que fique irritado com as lamúrias da esposa e o "mau" comportamento dos filhos. Culpa a esposa quando devia culpar a arquitetura, e as consequências desagradáveis vão variar de acordo com o seu grau de brutalidade.

Não digo que as coisas sejam sempre assim em toda parte, mas afirmo que, quando não são, é porque a mãe se vale de uma dose excepcional de autodisciplina, bom senso e vigor físico. E é óbvio que um sistema que exige qualidades excepcionais dos seres humanos só excepcionalmente terá êxito. A perversidade desse sistema não é refutada pela existência de uns poucos exemplos em que seus defeitos não aparecem.

Para sanar todos esses problemas de uma só vez, basta que seja introduzido um componente comunitário na arquitetura. As casas isoladas, assim como os blocos de apartamentos com cozinhas individuais, deveriam ser demolidos. Em seu lugar, seriam erguidos conjuntos de edifícios em torno de uma praça central, com o lado sul rebaixado para a penetração da luz solar. Haveria uma cozinha comum, um amplo salão de refeições e um outro destinado ao lazer, reuniões e sessões de cinema. Na praça central ficaria a escola maternal, construída de modo tal que as crianças não pudessem causar dano a si mesmas nem a objetos frágeis: não haveria degraus, fogões, nem estufas expostas ao contato, os pratos e copos seriam feitos de material inquebrável, e se procuraria ao máximo evitar a presença de objetos que criassem a necessidade de se dizer "não" às crianças. Em dias de tempo bom, a escola funcionaria ao ar livre, e com mau tempo, em salões abertos num dos lados. Todas as refeições seriam feitas na escola, proporcionando às crianças, a baixo custo, uma alimentação mais saudável do que aquela que suas mães lhes podem dar. Entre o fim do aleitamento e a idade escolar, as crianças passariam o dia todo, da primeira à última refeição, na escola maternal, tendo oportunidade de se divertirem com o mínimo de supervisão necessária à sua segurança.

Para as crianças, o ganho seria enorme. A saúde delas se beneficiaria do ar, do sol, do espaço e da boa comida. Seu caráter só teria a ganhar com a liberdade e o afastamento da atmosfera de queixas e proibições constantes em que a maioria dos trabalhadores passa seus primeiros anos. A liberdade de movimentos que só um ambiente especialmente planejado é capaz de proporcionar com segurança às crianças pequenas poderia, na escola maternal, ser quase ilimitada, resultando daí o desenvolvimento natural da audácia e das aptidões físicas, como ocorre com os jovens animais. As constantes restrições aos movimentos das crianças pequenas, fonte de mal-estar e timidez na vida adulta, serão absolutamente inevitáveis enquanto elas viverem no ambiente dos adultos. A escola maternal seria, portanto, tão benéfica ao seu caráter quanto à sua saúde.

Para as mulheres, as vantagens seriam igualmente grandes. Encerrada a fase do aleitamento, elas poderiam deixar os filhos, durante o dia, a cargo de mulheres especialmente treinadas no cuidado de crianças. Não teriam o trabalho de fazer compras, cozinhar e lavar a louça. Sairiam para trabalhar de manhã e voltariam para casa à noite, tal como seus maridos, e, como eles, teriam horas de trabalho e horas de lazer.

Veriam os filhos de manhã e à noite, tempo bastante para o afeto, mas não para a exaustão nervosa. Mães que passam o dia inteiro com seus filhos quase nunca têm energia para brincar com eles; os pais costumam brincar com os filhos muito mais do que as mães. Mesmo o mais afetuoso dos adultos está fadado a achar as crianças irritantes se não tiver momentos de descanso de suas clamorosas exigências de atenção. Separados durante as horas de trabalho, mãe e filhos se sentiriam mais afetuosos do que se tivessem passado o dia inteiro juntos e confinados. Depois da imparcialidade das funcionárias da creche, os filhos, fisicamente cansados mas mentalmente em paz, poderiam desfrutar as atenções da mãe. O lado prazeroso da vida em família sobreviveria, sem o lado aflitivo e destrutivo do afeto.

Os grandes salões públicos, que poderiam ter a riqueza arquitetônica dos salões das antigas universidades britânicas, aliviariam a sordidez e o confinamento dos pequenos cômodos. Beleza e espaço não precisariam mais ser prerrogativa dos ricos. Acabaria a irritação decorrente de viverem amontoados em lugares acanhados e que muito frequentemente destrói a vida familiar.

Tudo isso seria consequência de uma reforma arquitetônica.

Robert Owen foi muito ridicularizado, há mais de um século, por seus "paralelogramos cooperativos", que eram uma tentativa de garantir aos trabalhadores as vantagens da vida colegiada. Mas ele se equivocou ao considerar seus "paralelogramos" como unidades produtivas e não apenas como lugares de residência. A tendência da produção industrial, desde o início, foi atribuir muita importância à produção e pouquíssima ao consumo e à vida cotidiana, com resultado da ênfase nos lucros, que são associados somente à produção. A fábrica tornou-se científica e levou a divisão do trabalho a níveis inimagináveis, ao passo que a vida doméstica permanece até hoje não científica, e ainda lança inúmeras responsabilidades sobre os ombros da mãe superatarefada. O predomínio da motivação do lucro traz como consequência natural que as esferas mais insatisfatórias, desorganizadas e azarosas da atividade humana sejam aquelas das quais não se espera nenhuma vantagem pecuniária.

Devo admitir, porém, que os mais poderosos obstáculos a essa reforma arquitetônica que acabo de sugerir residem na psicologia dos próprios assalariados. Por mais que resistam, as pessoas gostam da privacidade do "lar", onde encontram satisfação para seu orgulho e sua possessividade. A vida comunal e celibatária, como a dos monastérios, não gera esse tipo de problema; são o casamento e a família que criam o instinto de privacidade. Eu não creio que a cozinha privada, com uma equipagem que vá além do fogareiro de uso ocasional, seja realmente necessária à satisfação desse instinto. Creio que o apartamento devidamente mobiliado seria suficiente para as pessoas acostumadas à privacidade, mas é sempre difícil mudar hábitos pessoais. A aspiração à independência, no entanto, talvez faça com que as mulheres pouco a pouco passem a ganhar o próprio sustento trabalhando fora de casa, o que, por sua vez, tornaria desejável o sistema que estamos propondo. O feminismo ainda está num estágio inicial de desenvolvimento entre as mulheres da classe trabalhadora, mas é provável que cresça, exceto na hipótese de uma reação fascista. Em seu devido momento, essa motivação levará as mulheres, quem sabe, a optar pela cozinha comunitária e pela escola maternal. Não será dos homens que partirá o desejo de mudança. Os assalariados do sexo masculino, mesmo os socialistas e comunistas, raramente sentem necessidade de uma mudança no *status* de suas esposas.

De todo modo, a construção de "paralelogramos cooperativos" do tipo que venho defendendo poderia acontecer, em larga escala, como parte de um amplo movimento socialista, dado que a motivação do lucro por si só nunca poderia criá-los. A saúde e o caráter das crianças, assim como os nervos das esposas, continuarão a sofrer as piores conseqüências enquanto a ânsia de lucro regular a atividade econômica. Há coisas que a motivação do lucro pode realizar, outras que não pode; dentre as que não pode está o bem-estar das mulheres e crianças da classe trabalhadora e — o que pode parecer ainda mais utópico — o embelezamento dos subúrbios. Ainda que estejamos acostumados a encarar a sordidez dos subúrbios como algo tão inevitável quanto os ventos de março e as brumas de novembro, isso não corresponde à verdade. Se os subúrbios fossem construídos pelas municipalidades e não pelas empresas privadas, com ruas planejadas e casas parecidas com os alojamentos universitários, não haveria razão para não serem um colírio para os nossos olhos. A sordidez, tanto quanto a aflição e a pobreza, é parte do preço que pagamos por continuarmos escravos da motivação do lucro privado.

Capítulo 4
O moderno Midas

A história do rei Midas e o Toque de Ouro é conhecida pelos que cresceram ouvindo os *Contos de Tanglewood*. Este rei ilustre, que gostava de ouro acima de todas as coisas, foi agraciado por Deus com o privilégio de converter em ouro tudo o que tocasse. De início ele ficou encantado, mas, ao se dar conta de que a comida virava metal sólido antes que pudesse engoli-la, começou a ficar preocupado e, quando viu a própria filha petrificar-se ao receber um beijo seu, implorou a Deus, aterrorizado, que lhe retirasse esse dom. Desde então, ele soube que o ouro não é a única coisa de valor na vida.

Apesar de esta ser uma história simples, o mundo tem tido muita dificuldade de aprender sua moral. Quando os espanhóis conquistaram o ouro do Peru, no século XVI, pensaram que a melhor coisa a fazer era conservar em suas mãos o precioso metal, o que os levou a impor toda sorte de obstáculos à sua exportação. Como consequência, o ouro simplesmente fez elevar os preços em todo o reino, sem tornar a Espanha nem um pouco mais rica do que antes em mercadorias reais. Ver-se na posse do dobro de dinheiro do que antes talvez fosse um motivo de grande satisfação para o orgulho do súdito, mas, se o dobrão de um dia só comprava a metade do que comprava na véspera, o ganho era apenas metafísico, não lhe proporcionando mais comida, mais bebida, uma casa melhor, nem qualquer outra vantagem tangível. Os ingleses e os holandeses, menos poderosos do que os espanhóis, tiveram de se contentar com o que hoje é a costa leste dos Estados Unidos, região desprezada na época porque não tinha ouro. Como fonte de riqueza, no entanto, esta parte do globo provou ser incalculavelmente mais produtiva do que as regiões auríferas do Novo Mundo, cobiçadas por todas as nações nos tempos da rainha Elizabeth.

Apesar de este episódio ter se tornado um lugar-comum no que se refere à História, sua aplicação aos problemas atuais parece estar acima da capacidade mental dos governos. A economia sempre foi vista de um modo completamente invertido, o que hoje é mais verdadeiro do que nunca. O que aconteceu a esse respeito no fim da guerra é tão absurdo que fica difícil acreditar que os governos fossem formados por adultos e não por gente fugida do hospício. Queriam punir a Alemanha, e a maneira consagrada de fazê-lo era impondo uma indenização. A indenização foi cobrada. Até aí, tudo bem. Mas a quantia que queriam fazer a Alemanha pagar era imensamente maior do que todo o ouro do país, e até do mundo inteiro. Tornava-se, portanto, matematicamente impossível para os alemães pagarem, a não ser em bens: ou os alemães pagavam em bens ou simplesmente não pagavam.

De repente, os governos lembraram que tinham por hábito medir a prosperidade das nações pelo excedente das exportações sobre as importações. Quando um país exporta mais do que importa, diz-se que tem uma balança comercial favorável; caso contrário, diz-se que a balança é desfavorável. Ao imporem uma indenização em ouro maior do que a Alemanha podia pagar, e fazendo-a pagar em bens, os governos haviam decretado que este país teria uma balança comercial favorável no comércio com os aliados, que por sua vez ficariam com uma balança comercial desfavorável. Para seu espanto e horror, descobriram estar inadvertidamente fazendo pela Alemanha o que consideravam um benefício, isto é, estimulando o seu comércio exterior. A este argumento de ordem geral, outros mais específicos foram acrescentados. A Alemanha não produz nada que não possa ser produzido pelos aliados, o que fez com que a ameaça da competição alemã fosse percebida em toda parte. Os ingleses não queriam o carvão alemão porque a sua própria indústria de minério de carvão estava em crise. Os franceses não queriam produtos siderúrgicos alemães porque estavam empenhados no aumento de sua própria produção siderúrgica, com a ajuda do minério de ferro recém-adquirido da Lorena. E assim por diante. Os aliados, portanto, estavam determinados a punir a Alemanha com um pagamento compulsório e ao mesmo tempo decididos a obstaculizar todas as formas de pagamento.

Para essa situação insana, encontraram uma solução insana. Decidiu-se emprestar à Alemanha tudo o que ela devia pagar. Na verdade, os aliados disseram: "Não podemos perdoar a indenização, por se tratar de uma justa punição pelos seus crimes. Por outro lado, não podemos permitir que vocês paguem, do contrário nossas indústrias estarão arruinadas. Então, nós lhes emprestaremos o dinheiro e vocês nos pagarão o empréstimo. Desta forma estamos salvaguardando nossos princípios e nos protegendo de eventuais prejuízos. Quanto ao prejuízo de vocês, esperamos que esteja apenas sendo adiado."

Mas essa solução não podia, obviamente, ser temporária. Os subscritores dos empréstimos à Alemanha queriam os seus juros, e em relação ao pagamento dos juros houve o mesmo dilema do pagamento das indenizações. Os alemães não podiam pagar os juros em ouro, e as nações aliadas não queriam que eles pagassem em mercadorias. Tornou-se então necessário emprestar-lhes o dinheiro para pagar os juros. É claro que, cedo ou tarde, as pessoas acabariam se cansando desse jogo. Se as pessoas param de emprestar a um país por não terem o retorno esperado, o crédito do país fica mal visto. E, quando isto ocorre, as pessoas começam a exigir o pagamento do que lhes é devido. Mas, como dissemos, isto era impossível para os alemães. Daí as muitas quebras, primeiro na própria Alemanha, depois entre aqueles a quem os alemães falidos deviam, depois entre aqueles a quem estes últimos deviam e assim por diante. Resultado, depressão universal, miséria, fome, ruína e toda a sucessão de desastres que vêm se abatendo sobre o mundo.

Não estou aqui sugerindo que as indenizações alemãs foram a única causa de nossos problemas atuais. As dívidas dos aliados com os Estados Unidos também contribuíram, assim como, em grau menor, todas as dívidas privadas e públicas em que devedor e credor estavam separados por uma muralha tarifária que dificultava os pagamentos em mercadorias. As indenizações alemãs, se de fato não constituem a fonte de todos os problemas, são, no entanto, um dos mais claros exemplos da confusão de ideias que tornou tão difícil resolvê-los.

A confusão de ideias que está na raiz de nossos infortúnios é a que existe entre os pontos de vista do consumidor e do produtor, ou, mais exatamente, do produtor num sistema competitivo. Quando as indenizações foram impostas, os aliados se viram como consumidores: pareceu-lhes interessante fazer os alemães trabalharem para eles como escravos temporários e poder consumir, sem trabalhar, aquilo que eles produzissem. Depois de concluído o Tratado de Versalhes, eles lembraram de repente que eram também produtores e que o afluxo de mercadorias alemãs que estavam exigindo arruinaria as suas indústrias. Tão confusos ficaram que começaram a coçar as cabeças, o que de nada adiantou, mesmo quando se propuseram a fazê-lo todos ao mesmo tempo na chamada Conferência Internacional. O fato é que as classes dirigentes do mundo são ignorantes e estúpidas demais para achar uma solução para este problema, e presunçosas demais para pedir conselhos a quem poderia ajudá-las.

Para simplificar nosso problema, vamos supor que uma das nações aliadas fosse um único indivíduo, um Robinson Crusoe vivendo numa ilha deserta. Os alemães seriam obrigados, pelo Tratado de Versalhes, a lhe fornecer de graça todos os bens que satisfizessem suas necessidades básicas. Mas, se ele agisse da forma como agiram as potências, diria: "Não, não me traga carvão, porque isto arruinaria minha indústria de carvão vegetal; não me traga pão, isto arruinaria minha agricultura e minha moenda, que é primitiva mas engenhosa; não me traga roupas, pois eu tenho uma indústria nascente de vestuário de peles de animais. Mas não seria mau se vocês me trouxessem ouro, porque ele não me trará prejuízo; vou guardá-lo numa caverna e não vou usá-lo para nada. Mas nada me fará aceitar o pagamento em bens que eu possa utilizar." Se nosso imaginário Robinson Crusoe reivindicasse isso, diríamos que a solidão o tinha privado da razão. E, no entanto, é exatamente o que todas as grandes nações disseram aos alemães. Quando uma nação, não um indivíduo, é acometida de loucura, considera-se que esteja dando uma notável demonstração de sabedoria industrial.

A única diferença relevante entre Robinson Crusoe e uma nação é que Robinson Crusoe organiza seu tempo com sensatez, ao contrário da nação. Se um indivíduo obtém roupa de graça, não irá gastar seu tempo fazendo roupa. Mas as nações acham que devem produzir todas as coisas de que precisam, a não ser que exista um obstáculo natural, o clima por exemplo. Se as nações tivessem juízo, estipulariam, através de acordos internacionais, qual delas deveria produzir o quê, em vez de ficar tentando cada uma produzir tudo. Ninguém tenta produzir as próprias roupas, os próprios sapatos, a própria comida, a própria casa e assim por diante, pois toda pessoa sabe perfeitamente bem que, se o fizesse, teria de se contentar com um nível muito baixo de conforto. Mas as nações ainda não compreendem o princípio da divisão do trabalho. Se compreendessem, teriam permitido à Alemanha pagar com certos tipos de mercadorias, que elas próprias deixariam então de produzir. Quem perdesse o emprego poderia aprender outro ofício às expensas do setor público. Para isso, seria necessário, no entanto, organizar a produção, o que é contrário à ortodoxia nos negócios.

As superstições em torno do ouro são estranhamente arraigadas, tanto entre os que lucram com elas como entre aqueles a quem elas trazem desgraças. No outono de 1931, quando os franceses forçaram os ingleses a abandonar o padrão-ouro, imaginavam que lhes estariam causando um sério prejuízo, com o que concordava a maioria dos ingleses. Um sentimento de humilhação, uma espécie de vergonha nacional, varreu a Inglaterra. No entanto, todos os melhores economistas aconselhavam o abandono do padrão-ouro, e a experiência provou que eles estavam certos. Os homens que exercem o controle prático da atividade bancária são tão ignorantes que o governo britânico teve de ser obrigado, pela força, a fazer o que era melhor para os interesses britânicos. Um inesperado benefício que a França proporcionou à Inglaterra por pura inimizade.

De todas as ocupações consideradas úteis, uma das mais absurdas é a mineração do ouro. O ouro é extraído do solo na África do Sul e transportado, com infindáveis cuidados contra roubo e acidentes, para Londres, Paris e Nova York, onde é novamente colocado debaixo da terra, nas caixas-fortes dos bancos. Ele bem poderia permanecer debaixo da terra na própria África do Sul. É possível que as reservas bancárias já tenham tido a sua utilidade na época em que se supunha que elas poderiam ser usadas quando surgisse a ocasião, mas, depois que se adotou a política de não permitir que elas baixassem além de um certo mínimo, esse valor tornou-se irrelevante. Se decido poupar cem libras para uma emergência, estou sendo prudente. Mas se decido que, por mais pobre que fique, nunca vou gastar as cem libras, elas deixam de fazer parte de minha fortuna e não fará a menor diferença se eu me livrar delas. É exatamente esta a situação das reservas bancárias se elas não forem gastas em absolutamente nenhuma circunstância. Constitui, evidentemente, uma relíquia da barbárie a ideia de que todo o crédito nacional deva estar lastreado em ouro. Nas transações privadas internas dos países, o uso do ouro desapareceu. Antes da guerra ele ainda era usado em pequenas operações, mas as pessoas que cresceram depois da guerra mal conhecem o aspecto de uma moeda de ouro. Mas ainda há quem acredite que, por força de algum tipo de mágica misteriosa, a estabilidade financeira do mundo depende dos estoques de ouro nos bancos centrais dos países. Durante a guerra, quando o transporte de ouro se tornou perigoso por causa dos submarinos, esta ficção foi levada mais longe ainda. De todo o ouro extraído da África do Sul, julgava-se que uma parte estivesse nos Estados Unidos, uma parte na Inglaterra, uma parte na França e assim por diante, quando na verdade ele estava na própria África do Sul. Por que então não levar a ficção um pouco mais adiante e supor que o ouro foi todo extraído, mesmo que ele permaneça quieto debaixo da terra?

Na teoria, a vantagem do ouro é que ele constitui uma salvaguarda contra a desonestidade dos governos. Tudo estaria muito bem se houvesse alguma forma de obrigar os governos a aderir ao ouro numa crise, mas na prática o que eles fazem é abandonar o ouro sempre que lhes parece conveniente. Todos os países europeus que participaram da última guerra depreciaram as suas moedas e, assim fazendo, repudiaram uma parte de suas dívidas. A Alemanha e a Áustria repudiaram a totalidade de suas dívidas internas por meio da inflação. A França reduziu o franco a um quinto de seu valor, repudiando dessa forma quatro quintos de toda a dívida pública computada em francos. A libra esterlina hoje não vale mais de três quartos de seu valor original em ouro. Os russos disseram francamente que não pagariam suas dívidas, o que foi considerado um crime: o repúdio respeitável exige uma certa etiqueta.

O fato é que os governos, como as pessoas, pagam suas dívidas por ser do seu interesse fazê-lo, do contrário não o fariam. Uma garantia puramente legal como o padrão-ouro é inútil em épocas de tensão e desnecessária em outras épocas. Um indivíduo pode considerar a honestidade lucrativa, à medida que antevê a necessidade de pedir emprestado novamente e a possibilidade de fazê-lo. Mas uma vez esgotada a sua capacidade de crédito, ele é capaz de considerar a inadimplência mais vantajosa. A posição de um governo diante de seus governados é diferente de sua posição em face dos outros países. O governo tem a nação à sua mercê, e a única razão para que ele seja honesto com seus cidadãos é a necessidade de fazer novos empréstimos internos. Quando não existe mais nenhuma perspectiva de empréstimo interno, como foi o caso da Alemanha após a guerra, o governo paga a um outro país para que desvalorize a sua moeda e liquida desse modo toda a sua dívida interna. Quanto à dívida externa, a questão é outra. Quando a Rússia repudiou sua dívida com os outros países, teve de enfrentar uma guerra contra todo o mundo civilizado, além de uma propaganda hostil e feroz. Em geral, as nações não estão em situação de enfrentar este tipo de coisa e são, portanto, cautelosas com relação à dívida externa. É este fato, e não o padrão-ouro, que torna relativamente seguro emprestar dinheiro aos governos. A segurança não é muita, mas não pode ser maior enquanto não existir um governo internacional.

O grau de dependência das transações econômicas em relação à força armada não é geralmente percebido. A riqueza é adquirida, em parte, através da habilidade nos negócios, mas esta habilidade só pode florescer em um ambiente de poderio militar e naval. Foi com o uso da força armada que os holandeses tomaram Nova York dos índios, que os ingleses a tomaram dos holandeses, os americanos dos ingleses. Quando se descobriu petróleo nos Estados Unidos, ele era propriedade dos cidadãos americanos. Mas quando se descobre petróleo em países menos poderosos, ele passa a ser, por bem ou por mal, propriedade dos cidadãos de alguma das grandes potências. Este processo é de alguma forma disfarçado, mas nos bastidores a ameaça da guerra está sempre à espreita e é esta ameaça latente que garante as negociações.

O que vale para o petróleo vale também para a moeda e a dívida. Quando é do interesse de um governo depreciar a sua moeda ou repudiar a sua dívida, ele o faz. Algumas nações produzem, é verdade, um grande barulho sobre a importância moral de se pagar a dívida, mas são sempre nações credoras. E se estas são ouvidas pelas nações devedoras, não é porque são eticamente convincentes, mas porque são poderosas. Só existe, portanto, uma forma de assegurar-se a estabilidade da moeda, que é o estabelecimento, de fato, senão de direito, de um único governo mundial, único detentor de forças armadas. Só este governo estaria interessado numa moeda estável e só ele poderia instituir uma moeda com um poder de compra constante em termos da média das mercadorias. Esta é a única estabilidade verdadeira que o ouro não possui. As nações soberanas não irão aderir ao ouro, mesmo em momentos de tensão. O argumento de que o ouro garante a estabilidade da moeda é, portanto, sob qualquer ponto de vista, uma falácia.

Tenho sido reiteradamente alertado, por pessoas que se consideram implacáveis realistas, para o fato de que os homens de negócios querem, em geral, enriquecer. Mas a simples observação me convenceu de que as pessoas que me expunham tal convicção, longe de serem realistas, eram idealistas sentimentais totalmente cegas aos fatos mais patentes do mundo em que vivem. Se o desejo de enriquecer dos homens de negócios fosse mais ardente do que o de conservar a pobreza alheia, o mundo logo se tornaria um paraíso. Os bancos e a moeda constituem um exemplo extraordinário. É, obviamente, do interesse geral da comunidade dos negócios a estabilidade da moeda e a segurança do crédito. Para que essas duas premissas se concretizem, é evidentemente necessário que exista um único banco central mundial e uma única moeda, um papel-moeda administrado de maneira a manter os preços médios tão constantes quanto possível. Essa moeda não precisará ser lastreada por reservas em ouro, mas pelo crédito do governo mundial, cujo órgão financeiro seria o banco central único. Tudo isso é tão claro que qualquer criança pode entender. E, no entanto, nenhum homem de negócios defende nada parecido. Por quê? Por causa do nacionalismo, isto é, porque estão mais interessados em manter pobres os estrangeiros do que em ficar ricos eles próprios. Uma outra razão é a psicologia do produtor. Parece um truísmo dizer que a única utilidade do dinheiro é poder ser trocado por mercadorias, e, no entanto, são poucas as pessoas para quem esta verdade é ao mesmo tempo emocional e racional. Em quase toda transação, o vendedor sai mais satisfeito do que o comprador. Quando compramos um par de sapatos, toda a engrenagem da arte de vender é acionada sobre nós, de modo que, para o vendedor, é como se tivesse conquistado uma pequena vitória. Nós nunca pensamos: "Que bom que me livrei daqueles papeizinhos asquerosos que eu não podia comer nem vestir e que agora tenho este magnífico par de sapatos novos." Atribuímos menos importância às coisas que compramos do que às coisas que vendemos. A não ser quando a oferta é limitada. Quem compra uma obra-prima de um mestre da pintura fica mais satisfeito do que quem a vende. Mas o mestre, quando era vivo, ficava sem dúvida mais satisfeito por vender seus quadros do que ficavam seus clientes por comprá-los. A razão psicológica que nos faz preferir vender do que comprar é a maior importância dada ao poder do que ao prazer. Esta não é uma característica universal: há os esbanjadores, que preferem uma vida curta e festiva. No entanto, o tom competitivo de nossa época é dado pela característica dos indivíduos vigorosos e bem-sucedidos. Na época em que a maior parte da riqueza era adquirida por herança, a psicologia do produtor era menos dominante do que hoje. É a psicologia do produtor que torna as pessoas mais ansiosas para vender do que para comprar e que leva os governos a se empenharem na risível tentativa de criar um mundo em que todas as nações vendem e nenhuma compra.

A psicologia do produtor é complicada por uma circunstância que distingue as relações econômicas de todas as outras. Para quem produz e vende mercadorias existem duas classes especialmente importantes de pessoas: os concorrentes e os clientes. Os concorrentes os prejudicam, os clientes os beneficiam. Os concorrentes são conhecidos e relativamente pouco numerosos, ao passo que os clientes estão espalhados e são em sua maioria desconhecidos. Há, portanto, uma propensão a se ter mais consciência dos concorrentes que dos clientes. Isso pode não ser o caso dentro de seu próprio grupo, mas com toda certeza é o caso quando se trata de um grupo estranho, de modo que os grupos estranhos acabam sendo vistos como portadores de interesses econômicos opostos aos seus. Daí deriva a crença no protecionismo. As nações estrangeiras são vistas mais como produtores concorrentes do que como clientes potenciais, de modo que as pessoas se predispõem a perder os mercados externos para evitar a concorrência estrangeira. Havia, certa vez, numa pequena cidade, um açougueiro que ficou furioso com os outros açougueiros, porque eles roubaram a sua clientela. Para arruiná-los, ele converteu a cidade inteira ao vegetarianismo, e viu depois, com espanto, que se arruinara também. A insensatez desse homem parece inacreditável e, no entanto, ela não é maior do que a das grandes potências. Ao perceberem que o comércio exterior enriquece as outras nações, todas ergueram barreiras tarifárias para destruí-lo. Para seu espanto, descobriram que haviam sido tão prejudicadas quanto suas concorrentes. Nenhuma foi capaz de lembrar que o comércio é recíproco e que a nação estrangeira que vende é a mesma que compra, direta ou indiretamente. Não se lembraram desse fato porque o ódio às nações estrangeiras tornou-as incapazes de pensar com clareza a respeito do comércio exterior.

Na Grã-Bretanha, o conflito entre ricos e pobres, base de todas as divisões partidárias desde o fim da guerra, tornou a maioria dos industriais incapaz de entender o problema da moeda. Como finanças representam riqueza, há entre os ricos a tendência de seguir a liderança dos banqueiros e financistas. Na verdade, os interesses dos banqueiros têm sido contrários aos dos industriais: a deflação que convém aos banqueiros paralisou a indústria britânica. Eu não tenho a menor dúvida de que, não fosse o voto dos trabalhadores, a política britânica desde a guerra teria consistido em uma acirrada luta entre financistas e industriais. Na prática, porém, os financistas e industriais se uniram contra os trabalhadores, os industriais apoiaram os financistas e o país foi levado à beira da ruína. O que o salvou foi o fato de os financistas terem sido derrotados pelos franceses.

Não apenas na Grã-Bretanha, mas no mundo inteiro os interesses dos financistas têm sido, nos anos recentes, contrários aos interesses do público em geral. E é improvável que essa situação mude por si mesma. É improvável que uma comunidade moderna prospere se os seus assuntos financeiros forem conduzidos com vistas ao exclusivo interesse dos financistas, sem atentar para os efeitos produzidos sobre o restante da população. Nesse caso, não é prudente deixar os financistas de mãos livres para buscar seus lucros. Talvez se possa administrar um museu visando o lucro de seu curador, deixando-o livre para vender peças do acervo sempre que aparecer uma oferta tentadora. Há atividades em que a motivação do lucro privado conduz à promoção do interesse geral, mas há outras em que isso não acontece. As finanças hoje pertencem, definitivamente, à segunda categoria, independentemente de como tenha sido no passado. O resultado é a necessidade cada vez maior de ingerência governamental no sistema financeiro. É necessário considerarmos finanças e indústria como um único conjunto e ter como meta a maximização dos lucros desse conjunto, não do sistema financeiro isoladamente. As finanças são mais poderosas do que a indústria quando uma é independente da outra, mas os interesses da indústria geralmente estão mais próximos aos da comunidade do que os interesses das finanças. O poder excessivo do setor financeiro é o motivo pelo qual o mundo chegou à crise atual.

Em todos os lugares onde a minoria conquistou o poder, ela o fez com a ajuda de alguma superstição que dominava a maioria. Os sacerdotes do antigo Egito descobriram como prever os eclipses que aterrorizavam a massa do povo e desse modo conseguiam arrancar do povo oferendas e poderes. Os reis eram tidos como divinos, razão pela qual Cromwell foi acusado de sacrilégio quando cortou a cabeça de Charles I. Em nossos dias, os financistas se apoiam no respeito supersticioso pelo ouro. O cidadão comum fica mudo de espanto quando ouve falar de reservas de ouro, emissão de moeda, inflação, deflação, reflação e todo o resto desta algaravia. Ele acha que quem é capaz de falar sobre esses temas com desembaraço deve ser uma pessoa muito instruída e não ousa questionar o que escuta. Ele não sabe do papel insignificante que o ouro desempenha nas transações modernas e ficaria completamente perdido se tentasse explicar quais são as suas funções. Tem um vago pressentimento de que seu país estará provavelmente mais seguro se guardar uma grande quantidade de ouro, de modo que fica feliz quando as reservas sobem e triste quando elas caem.

Esta reverência desinteligente por parte do público em geral é exatamente do que precisa o financista para não se deixar afetar pela democracia. É certo que ele aufere outras vantagens ao lidar com a opinião da maioria. Sendo imensamente rico, pode comprar a subserviência da parte mais influente da opinião acadêmica através de doações às universidades. Estando à frente da plutocracia, é o líder natural de todos aqueles cujo pensamento político é dominado pelo medo do comunismo. Detentor do poder econômico, ele pode distribuir, ao seu bel-prazer, prosperidade e ruína para nações inteiras. Mas eu duvido que essas armas fossem suficientes sem a ajuda da superstição. É notável que, apesar da importância da economia para todos os homens, mulheres e crianças, este tema raramente seja estudado nas escolas e, mesmo nas universidades, somente por uma minoria. E, como se não bastasse, mesmo esta minoria não tem acesso a um ensino desvinculado dos interesses políticos envolvidos na matéria. Poucas são as instituições que a ensinam sem o viés plutocrático, pois de um modo geral a economia é ensinada de maneira a glorificar o *status quo*. Eu quero crer que tudo isso esteja ligado ao fato de que a superstição e o mistério são úteis aos detentores do poder financeiro.

Nas finanças, como na guerra, quase todos os que possuem competência técnica têm também tendências contrárias aos interesses da coletividade. Os especialistas militares são o principal obstáculo ao sucesso das Conferências de Desarmamento. Não que sejam homens desonestos, mas suas preocupações habituais os impedem de enxergar a questão dos armamentos na perspectiva adequada. O mesmo se aplica às finanças. Quase ninguém as conhece em detalhes, exceto as pessoas que se dedicam a ganhar dinheiro com o atual sistema, pessoas cujos pontos de vista, evidentemente, não podem nunca ser imparciais. Para remediar o atual estado de coisas será necessário que as democracias do mundo tomem consciência da importância das finanças e descubram formas de simplificar seus princípios, de maneira a torná-las amplamente compreensíveis. Devo admitir que isso não é fácil, mas não creio que seja impossível. Um dos obstáculos ao êxito da democracia em nossa época é a complexidade do mundo moderno, que torna cada vez mais difícil ao cidadão comum formar opiniões inteligentes sobre questões políticas ou mesmo decidir qual é o julgamento especializado mais merecedor da sua confiança. A solução nesse caso é melhorar a educação e encontrar outras maneiras mais simples do que as que estão em voga de explicar a estrutura da sociedade. Todos os que creem numa democracia efetiva deveriam defender uma tal reforma. Mas talvez não exista mais ninguém que creia na democracia, exceto no Sião e nas regiões mais remotas da Mongólia.

Capítulo 5

A genealogia do fascismo

Ao compararmos nossa época com (digamos) a de George I, tomamos consciência de uma profunda mudança de atitude intelectual, seguida de uma correspondente mudança no tom da política. Em certo sentido, a perspectiva de duzentos anos atrás pode ser dita "racional", e esta que é característica de nossa época, "antirracional". Mas pretendo usar essas palavras de um modo que não implique nem a completa aceitação daquela atitude nem a completa rejeição desta outra. Além disso, é importante lembrar que os acontecimentos políticos quase sempre carregam a marca das reflexões de épocas precedentes: costuma ocorrer um considerável intervalo temporal entre a divulgação de uma teoria e a sua aplicação prática. A política inglesa dos anos 1860 foi dominada pelas ideias expressas por Adam Smith em 1776; a atual política alemã é a materialização das teorias avançadas por Fichte em 1807; a política russa posterior a 1917 é a aplicação das doutrinas do Manifesto Comunista de 1848. Para compreender-se a época atual é necessário, portanto, que retornemos a uma época bastante anterior.

A generalização de uma doutrina política tem, em geral, dois diferentes tipos de causas. De um lado, há os antecedentes intelectuais: homens que avançaram teorias nascidas de teorias anteriores, por desenvolvimento ou reação. De outro, há circunstâncias políticas e econômicas que predispõem as pessoas a aceitarem opiniões conducentes a determinados estados de espírito. Mas essas circunstâncias não podem proporcionar uma explicação completa quando se desprezam, como costuma acontecer, os antecedentes intelectuais. No caso de que estamos tratando, algumas partes do mundo do pós-guerra tiveram motivos de descontentamento que as tornaram simpáticas a uma certa filosofia inventada numa época muito anterior. Proponho considerar, em primeiro lugar, esta filosofia, para depois abordar os motivos de sua atual popularidade.

A revolta contra a razão começou como uma revolta contra o raciocínio. Na primeira metade do século XVIII, época em que Newton guiava as mentes dos homens, havia uma convicção generalizada de que o caminho para o conhecimento consistia na descoberta de leis gerais das quais se poderiam tirar conclusões por meio do raciocínio dedutivo. Esquecia-se de que a lei da gravitação de Newton estava baseada em um século inteiro de observações cuidadosas e imaginava-se que as leis gerais podiam ser descobertas por obra e graça da natureza. Havia a religião natural, a lei natural, a moral natural e assim por diante. Supunha-se que tais objetos consistiam em inferências demonstrativas de axiomas autoevidentes, ao estilo de Euclides. A resultante política desse ponto de vista foi a doutrina dos Direitos do Homem, tal como se pregou durante as revoluções americana e francesa.

Mas, no exato momento em que o Templo da Razão parecia estar próximo da perfeição, foi plantada uma mina que, ao final, fez com que todo o edifício viesse abaixo. O homem que plantou a mina foi David Hume. Seu *Tratado da natureza humana*, publicado em 1739, tem como subtítulo "Um intento de aplicação do raciocínio experimental à abordagem dos temas morais". Isso representa a totalidade de suas intenções, mas somente a metade de seu desempenho. Hume pretendia substituir a dedução baseada em axiomas nominalmente autoevidentes pela observação e indução. Sua formação mental era a de um racionalista acabado, mais baconiano do que aristotélico. Mas uma combinação quase inigualável de argúcia e honestidade intelectual levou-o a certas conclusões devastadoras: que a indução é um hábito destituído de justificação lógica e que a ideia de causação é pouco mais do que uma superstição. Consequentemente, a ciência, assim como a teologia, devia ser relegada ao limbo das falsas esperanças e das convicções irracionais.

Em Hume, racionalismo e ceticismo viviam pacificamente lado a lado. O ceticismo devia ser estudado, mas colocado à parte nos assuntos da vida prática. Mais ainda, a vida prática devia ser governada, tanto quanto possível, pelos mesmos métodos científicos que seu ceticismo impugnava. Um tal compromisso somente era possível para alguém que fosse, em partes iguais, um filósofo e um homem do mundo; há também um certo toryismo[9] aristocrático na pretensão de reservar aos iniciados uma descrença esotérica. O mundo em geral recusou-se a aceitar

---

[9] Tory, tories: na Grã-Bretanha, o partido conservador e seus seguidores. (N.T.)

as doutrinas de Hume em sua totalidade. Seus seguidores rejeitaram-lhe o ceticismo, ao passo que seus adversários alemães afirmaram que ele era o produto inevitável de uma perspectiva meramente científica e racional. Como resultado de seus ensinamentos, a filosofia britânica tornou-se superficial e a filosofia alemã antirracional — nos dois casos por medo de um agnosticismo difícil de suportar. O pensamento europeu jamais recuperou o seu antigo entusiasmo; para os sucessores de Hume, sanidade passou a significar superficialidade; e profundidade, um certo grau de insanidade. Nas recentes discussões filosóficas suscitadas pela física quântica, as velhas questões levantadas por Hume continuam em discussão.

A filosofia que caracterizou a Alemanha começa com Kant, e começa como reação contra Hume. Kant estava determinado a acreditar na causalidade, em Deus, na imortalidade, nas leis morais e assim por diante, mas percebia que a filosofia de Hume tornava tudo isso muito difícil. Inventou então a distinção entre razão "pura" e razão "prática". A razão "pura" tratava do que podia ser provado, o que não era muito; a razão "prática" tratava do que era necessário para a virtude, o que era bastante coisa. É óbvio que a razão "pura" era mera razão, ao passo que a razão "prática" era preconceito. Desse modo, Kant reintroduziu na filosofia o fascínio por algo que era percebido como não pertencente à esfera da racionalidade teórica e que fora banido das escolas desde a ascensão do escolasticismo.

Ainda mais importante do que Kant, desde nosso ponto de vista, foi Fichte, seu sucessor imediato, que, ao passar da filosofia para a política, inaugurou o movimento que veio a se transformar no nacional-socialismo. Mas antes de falarmos sobre ele ainda há algo a ser dito sobre a ideia de "razão".

Diante da impossibilidade de se encontrar uma resposta a Hume, a "razão" não pôde mais ser considerada absoluta, algo de que não podemos nos afastar sem estarmos sujeitos a uma condenação teórica. Não obstante, existe obviamente uma diferença, e muito importante, entre a estrutura mental dos (digamos) radicais filosóficos e a de gente como os antigos fanáticos muçulmanos. Se chamamos aquela atitude mental de racional e esta última de irracional, é claro que houve um aumento da irracionalidade nas épocas recentes.

Eu penso que o significado prático do que chamamos razão pode ser definido por três características. Em primeiro lugar, a razão tem por base a persuasão e não a força; em segundo lugar, ela busca persuadir por meio de argumentos considerados válidos por quem a utiliza; e em terceiro lugar, ela utiliza, na formação da opinião, um máximo de observação e indução e um mínimo de intuição. A primeira dessas características exclui a Inquisição; a segunda exclui os métodos da propaganda de guerra britânica, louvados por Hitler pelo fato de que a propaganda "deve aprofundar a exaltação mental proporcionalmente à quantidade de pessoas a serem influenciadas"; a terceira exclui o uso de certo tipo de premissa, como a do Presidente Andrew Jackson a propósito do Mississippi, "O Deus do Universo quis que este grande vale pertencesse a uma só nação", que para ele e sua plateia era evidente por si mesma, mas não tão facilmente demonstrável para quem ousasse questioná-lo.

A confiança na razão assim definida supõe uma certa comunhão de interesses e de perspectivas entre o indivíduo e sua audiência. A senhora Bond tentava obtê-la quando berrava aos seus patos: "Venham para a degola, eu preciso recheá-los para encher o estômago dos meus fregueses"; mas, em geral, o apelo à razão é considerado ineficaz com aqueles que pretendemos devorar. Quem pretende comer carne não procura argumentos que pareçam válidos a um carneiro, assim como Nietzsche não tenta convencer a massa da população, que ele chama de "os rotos e os esfarrapados". Tampouco Marx tenta angariar apoio entre os capitalistas. Esses exemplos demonstram que o apelo à razão é mais fácil quando o poder está claramente limitado a uma oligarquia. Na Inglaterra do século XVIII, as únicas opiniões importantes eram as dos aristocratas e seus amigos, e elas sempre podiam ser apresentadas de uma forma racional a outros aristocratas. À medida que o eleitorado se torna maior e mais heterogêneo, o apelo à razão fica mais difícil, dado que existem menos pressupostos universalmente aceitos por onde o consenso possa começar. Quando tais pressupostos não podem ser encontrados, as pessoas são compelidas a se apoiarem em suas intuições; e como as intuições dos diferentes grupos diferem umas das outras, confiar nelas leva a disputas e crises políticas.

As revoltas contra a razão são, nesse sentido, um fenômeno recorrente na História. O budismo era racional em sua origem; suas formas posteriores, bem como o hinduísmo que o substituiu na Índia, não. Na Grécia antiga, os órficos se revoltaram contra a racionalidade homérica. De Sócrates a Marco Aurélio, os homens proeminentes da antiguidade eram, no essencial, racionais; depois de Marco Aurélio, porém, até mesmo os conservadores neoplatônicos eram gente bastante supersticiosa. À exceção dos povos muçulmanos, os apelos à razão permaneceram em suspenso até o século XI; depois, através da escolástica, do Renascimento e da ciência, eles se tornaram cada vez mais dominantes. Uma reação surgiu com Rousseau e Wesley, mas foi colocada em xeque pelos triunfos da ciência e do maquinismo no século XIX. A crença na razão atingiu seu auge nos anos 1860; desde então, ela decresceu pouco a pouco e está ainda decrescendo. O racionalismo e o antirracionalismo existiram lado a lado desde o início da civilização grega e, sempre que um deles parecia estar próximo de se tornar dominante, um movimento de reação conduzia a um surto de seu oposto.

A moderna revolta contra a razão difere da maioria de suas predecessoras num importante aspecto. Dos órficos em diante, geralmente o objetivo era, no passado, a salvação — um conceito complexo que envolve a bondade e a felicidade, e que era atingido, regra geral, por meio de alguma difícil renúncia. Os irracionalistas de nossa época almejam não a salvação, mas o poder. Por isso desenvolvem uma ética oposta à do cristianismo e do budismo; e por causa da lascívia do poder eles têm de se envolver necessariamente com a política. Entre os escritores, a sua genealogia inclui Fichte, Carlyle, Mazzini e Nietzsche — com Treitschke, Rudyard Kipling, Houston Chamberlain e Bergson como seguidores. Opostos a esse movimento, benthamistas e socialistas podem ser considerados como duas alas de um mesmo partido: ambos são cosmopolitas e democráticos e apelam ao interesse econômico próprio. Suas diferenças são quanto aos meios, não aos fins, ao passo que o novo movimento que culmina (até agora) com Hitler diverge de ambos quanto aos fins, assim como diverge de toda a tradição da civilização cristã.

É em Nietzsche que encontramos a mais clara descrição dos fins do estadista, tais como concebidos pela maioria dos irracionalistas ligados à origem do fascismo. Em oposição consciente ao cristianismo e aos utilitaristas, Nietzsche rejeita as doutrinas de Bentham a respeito da felicidade e do "maior número". "A humanidade", diz ele, "é antes meio do que fim... a humanidade não é senão a matéria experimental". O fim que ele propõe é a grandeza dos indivíduos excepcionais: "O objetivo é alcançar aquela enorme energia de grandeza capaz de moldar o homem do futuro por meio da disciplina e da aniquilação dos milhões de rotos e esfarrapados, e capaz ainda de evitar a ruína diante do sofrimento por ela mesma criado, de dimensões nunca vistas." Esta concepção dos fins, deve-se observar, não pode ser considerada em si mesma como contrária à razão, dado que problemas de fins não são passíveis de discussão racional. Podemos não gostar dela — é o meu caso —, mas não somos mais capazes de refutá-la do que Nietzsche de prová-la. Há aqui, no entanto, uma conexão natural com a irracionalidade, uma vez que a razão requer imparcialidade, enquanto o culto do grande homem sempre tem como premissa a asserção: "Eu sou um grande homem."

Os fundadores da escola de pensamento da qual nasceu o fascismo têm todos algumas características em comum. Eles buscam o bem na vontade, não no sentimento e na cognição; dão mais valor ao poder do que à felicidade; preferem a força aos argumentos, a guerra à paz, a aristocracia à democracia, a propaganda à imparcialidade científica. São defensores de uma forma de austeridade espartana por oposição à austeridade cristã; isto é, veem a austeridade como um meio de obter o domínio sobre os demais e não como autodisciplina que ajuda a produzir a virtude, visando à felicidade na vida eterna. Os retardatários dentre eles estão imbuídos de uma espécie de darwinismo popular, encarando a luta pela existência como a origem de uma espécie superior; mas essa luta há de ser muito mais uma luta entre raças do que entre indivíduos, como defendiam os apóstolos da livre concorrência. Prazer e conhecimento, concebidos como fins, parecem-lhes injustificadamente passivos. Substituem o prazer pela glória e o conhecimento pela afirmação pragmática de que a verdade é aquilo que eles desejam. Em Fichte, em Carlyle e em Mazzini, essas doutrinas ainda estão encobertas por um manto de moralismo convencional; em Nietzsche, elas se apresentam nuas e cruas pela primeira vez.

Fichte recebeu uma parte menor do crédito que lhe cabia por ter inaugurado esse grande movimento. Apesar de ter começado como um metafísico abstrato, ele passou a exibir uma certa postura arbitrária e autocentrada. Toda a sua filosofia se desenvolve a partir da proposição "Eu sou eu", sobre a qual ele diz: "O eu postula a si mesmo e é em consequência deste mero postular-se por si mesmo; ele é ao mesmo tempo agente e produto da ação, o que é ativo e o que é produzido pela atividade; 'eu sou' expressa um feito (*Thathandlung*). O eu é, porque postulou a si mesmo."

De acordo com essa teoria, o eu existe porque quer existir. Logo, parece que o não eu também existe porque o eu assim o quer; mas um não eu assim criado nunca se torna realmente exterior ao eu que opta por postulá-lo. Luís XIV disse: "O Estado, esse sou eu"; Fichte disse: "Eu sou o próprio universo". Como assinalou Heine ao comparar Kant com Robespierre, "comparados a nós, alemães, vocês franceses são mansos e ponderados".

É verdade que Fichte explica, um pouco adiante, que quando diz "eu", ele quer dizer "Deus"; mas isso não parece suficiente para tranquilizar o leitor.

Quando precisou sumir de Berlim depois da batalha de Iena, Fichte começou a pensar que estivera postulando vigorosamente demais o não eu sob a forma de Napoleão. Ao retornar, em 1807, ele publicou seus famosos *Discursos à nação alemã*, nos quais, pela primeira vez, o credo do nacionalismo foi apresentado por inteiro. Os *Discursos* começam explicando que o alemão é superior a todos os demais modernos porque é o único a possuir uma língua pura. (Russos, turcos, chineses, para não falar dos esquimós e dos hotentotes, também possuem línguas puras, mas não eram mencionados nos livros de história de Fichte.) A pureza da língua alemã faz com que só o alemão possa ser profundo; ele conclui que "não há dúvida de que ter caráter e ser alemão significam a mesma coisa". Mas para que o caráter alemão seja preservado das influências corruptoras estrangeiras, e para que a nação alemã seja capaz de agir como uma totalidade, deve haver um novo tipo de educação, que "há de moldar os alemães num corpo único". A nova educação, diz ele, "deve consistir essencialmente nisto, em destruir por completo a livre vontade". E acrescenta que a vontade "é a própria raiz do homem".

Não deve haver nenhum comércio exterior além do absolutamente indispensável. O serviço militar deve ser universal: todo mundo deve ser obrigado a lutar, não pelo bem-estar material, não pela liberdade, não em defesa da Constituição, mas sob o impulso da "chama voraz do mais elevado patriotismo, que cinge a nação como as vestes do eterno, por quem o homem de espírito nobre sacrifica alegremente a si próprio e por quem também deve sacrificar-se o homem ignóbil, que somente existe para o bem do outro".

Essa doutrina, segundo a qual o homem "nobre" é o propósito da humanidade e o homem "ignóbil" nada tem a reclamar para si próprio, está no cerne do moderno ataque contra a democracia. O cristianismo ensinou que todo ser humano tem uma alma imortal e que, sob tal aspecto, todos os homens são iguais; os "direitos do homem" são um mero desenvolvimento da doutrina cristã. O utilitarismo, ao mesmo tempo que não concedeu ao indivíduo nenhum "direito" absoluto, atribuiu igual importância à felicidade de quaisquer homens; desse modo, ele conduziu à democracia tanto quanto a doutrina dos direitos naturais. Mas Fichte, uma espécie de Calvino da política, distinguiu alguns homens como os eleitos e rejeitou todos os demais como irrelevantes.

A dificuldade, evidentemente, é saber quem são os eleitos. Num mundo em que a doutrina de Fichte fosse universalmente aceita, todo indivíduo haveria de se considerar "nobre" e trataria de se reunir a um grupo de pessoas suficientemente parecidas consigo mesmo para compartilhar um pouco de sua nobreza. Tais pessoas seriam a sua nação, no caso de Fichte, a sua classe, no caso de um comunista proletário, ou a sua família, no caso de Napoleão. Não existe um critério objetivo de "nobreza", salvo o êxito na guerra; por conseguinte, a guerra é o resultado necessário desse credo.

O ponto de vista de Carlyle era, no essencial, derivado de Fichte, o único a influenciar decisivamente as suas ideias. Mas Carlyle acrescentou algo que veio a se tornar característico da escola desde então: uma espécie de socialismo, de solicitude em relação ao proletariado, que é, na verdade, aversão à produção industrial e ao novo-rico. Carlyle foi tão bem-sucedido que iludiu o próprio Engels, cujo livro de 1844 sobre a classe operária o menciona com os mais elevados louvores. Em vista disso, ficamos a imaginar quantas pessoas foram enganadas pela fachada socializante do nacional-socialismo.

Carlyle, de fato, ainda apanha alguns incautos. O seu "culto do herói" tem um tom bastante enaltecedor; "precisamos", diz ele, "não de parlamentos eleitos, mas de reis-heróis e de um mundo inteiro não heroico". Para compreendê-lo, é necessário estudar como isso se traduz em fatos. Em *Passado e presente*, Carlyle apresenta o abade Samson, do século XII, como modelo; mas quem não aceitar de boa-fé esta sumidade e se dispuser a ler as *Crônicas* de Jocelyn de Brakelonde, descobrirá que o abade era um rufião inescrupuloso, que combinava todos os defeitos de um senhor de terras tirânico com os de um advogado chicaneiro. Os demais heróis de Carlyle são, no mínimo, igualmente questionáveis. Sobre os massacres de Cromwell na Irlanda, ele fez o seguinte comentário: "Mas nos tempos de Oliver, como costumo dizer, ainda se acreditava no Juízo Final; nos tempos de Oliver não havia ainda este palavrório insensato sobre a 'abolição da pena de morte', nem a filantropia de Jean-Jacques, essa água com açúcar generalizada num mundo ainda tão cheio de pecado [...] Só nessas novas gerações decadentes [...] pode fazer efeito em nossa terra essa indiscriminada mistura de Bem e Mal numa fórmula universal." Da maioria de seus outros heróis, como Frederico, o Grande, o Dr. Francia e o Governador Eyre, tudo o que há para se dizer é que a única coisa que eles tinham em comum era a sede de sangue.

Os que ainda creem que Carlyle era, em certo sentido, mais ou menos liberal, deviam ler, em seu *Passado e presente*, o capítulo sobre a democracia. A maior parte dele é dedicada a louvar William, o Conquistador e a descrever a vida ditosa que os servos desfrutavam em sua época. Depois vem uma definição de liberdade: "A verdadeira liberdade de um homem, pode-se dizer, consistia em descobrir, ou em ser obrigado a descobrir, o caminho certo e em caminhar por ele" (p. 263). E prossegue com a afirmação de que a democracia "significa a aflição de procurar heróis para governá-lo e suportar satisfeito a necessidade de tê-los". O capítulo termina afirmando, numa linguagem profética e eloquente, que quando a democracia tiver completado o seu percurso, o problema que permanecerá será "o de encontrar o governo de seus reais superiores". Será que existe em tudo isso algo que Hitler não assine embaixo?

Mazzini era mais moderado que Carlyle, de quem discordava a respeito do culto dos heróis. Não era o grande homem o objeto de sua adoração, mas a nação; e se é verdade que punha a Itália no lugar mais elevado, Mazzini concedia que todas as nações europeias, exceção feita à Irlanda, tinham um papel a desempenhar. Mas acreditava, como

Carlyle, que o dever tinha de ser colocado acima da felicidade, inclusive da felicidade coletiva. Ele acreditava que Deus revelara a cada consciência humana o que era certo e que o importante acima de tudo era que cada um obedecesse à lei moral tal como sentida no próprio coração. Mazzini nunca se deu conta de que pessoas diferentes podem divergir autenticamente quanto ao que prescreve a lei moral, ou quem sabe então o que ele reivindicava de fato era que os outros deviam agir de acordo com a sua revelação. Ele punha a moral acima da democracia, ao dizer: "O simples voto da maioria não constitui soberania se esta se apresenta em evidente contradição com os preceitos morais supremos [...] a vontade do povo é sagrada quando interpreta e aplica a lei moral; mas é nula e impotente quando se afasta da lei, representando nada mais que um capricho." Esta é também a opinião de Mussolini.

Desde então, um único elemento importante foi acrescentado às doutrinas desta escola, a saber, a crença pseudodarwinista na "raça". (Para Fichte, a superioridade alemã era uma questão de língua, não de hereditariedade biológica.) Nietzsche, que ao contrário de seus seguidores não era nem nacionalista nem antissemita, aplica essa doutrina apenas à relação entre os indivíduos: ele quer que a inépcia seja prevenida desde a procriação, e aspira, por meio de métodos dignos de criadores de cães, à geração de uma raça de super-homens que hão de deter todo o poder e em cujo exclusivo benefício deverá existir todo o resto da humanidade. Depois dele, no entanto, outros autores com pontos de vista similares tentaram provar que toda excelência provinha de sua própria raça. Professores irlandeses escrevem livros para provar que Homero era irlandês; antropólogos franceses descobrem evidências arqueológicas de que os celtas, não os teutões, são a fonte da civilização no norte da Europa; Houston Chamberlain discute à exaustão que Dante era alemão e que Cristo não era judeu. A importância da raça, infecção contraída pela Inglaterra imperialista através de Rudyard Kipling, era uma ideia generalizada entre os anglo-indianos. Mas o componente antissemita nunca teve grande relevo na Inglaterra, apesar de ter sido um inglês, Houston Chamberlain, o principal responsável por lhe ter atribuído um falso fundamento histórico na Alemanha, onde persistira desde a Idade Média.

Sobre a questão da raça, se já não estivesse envolvida a política, bastaria dizer que não se tem conhecimento de nada que seja politicamente relevante. Pode-se considerar provável a existência de diferenças mentais genéticas entre as raças; mas com certeza nada sabemos ainda a respeito dessas diferenças. Num homem adulto, os efeitos do meio ambiente mascaram os da hereditariedade. Além do mais, as diferenças raciais entre os europeus são menos definidas do que as que existem entre brancos, negros e amarelos; por outro lado, inexistem características físicas marcantes que permitam distinguir com segurança os membros das diversas nações europeias modernas, uma vez que todas resultam de uma mistura de diferentes linhagens. Quanto à superioridade mental, toda nação civilizada pode fabricar uma reivindicação plausível, o que prova que todas essas reivindicações são igualmente inválidas. É possível que os judeus sejam inferiores aos alemães, mas não é menos possível que os alemães sejam inferiores aos judeus. Toda tentativa de introduzir-se um jargão pseudodarwinista nessa questão é manifestamente anticientífica. Independentemente do que venhamos a descobrir daqui para a frente, não existe hoje nenhum fundamento para a pretensão de se favorecer uma raça às expensas de outra.

Todo esse movimento, desde Fichte, constitui um método de promoção da autoestima e da sede de poder por meio de crenças que nada têm a seu favor, exceto o seu caráter lisonjeiro. Fichte precisava de uma doutrina que o fizesse sentir-se superior a Napoleão; Carlyle e Nietzsche sofriam de enfermidades para as quais buscavam compensação no mundo da imaginação; o imperialismo britânico da época de Rudyard Kipling era motivado pela vergonha de haver perdido a supremacia industrial; e a loucura hitlerista de nossa época é um manto mítico que mantém aquecido o ego alemão contra o sopro gelado de Versalhes. Ninguém é capaz de pensar de um modo são quando a sua autoestima está mortalmente ferida, e aqueles que humilham deliberadamente um país inteiro devem agradecer a si mesmos por transformá-lo num país de lunáticos.

Isso me traz aos motivos que levaram à ampla aceitação da doutrina irracional, e até antirracional, de que estamos tratando. Sempre há todo tipo de doutrinas sendo pregadas por todo tipo de profetas, mas aquelas que adquirem popularidade hão de ter uma especial capacidade de apelar às insatisfações causadas pelas circunstâncias de seu tempo. As doutrinas características dos irracionalistas modernos, como vimos, hoje são: a importância da vontade por oposição ao pensamento e ao sentimento; a glorificação do poder; a crença no "postulado" intuitivo por oposição ao ensaio observacional e indutivo. Esse estado de espírito é a reação natural de pessoas acostumadas a controlar maquinismos modernos, como os aviões, e também de pessoas que, tendo hoje menos poder do que ontem, são, no entanto, incapazes de encontrar um fundamento racional para a restauração da supremacia perdida. A produção industrial e a guerra, ao mesmo tempo que criaram o hábito do poder mecânico, provocaram uma grande guinada no poder econômico e político, deixando amplas camadas da população sensíveis a ideias de autoafirmação pragmática. Daí o crescimento do fascismo.

Comparando-se o mundo de 1920 com o de 1820, percebemos que houve um aumento do poder por parte de grandes industriais, trabalhadores, mulheres, heréticos e judeus. (Por "heréticos" me refiro àqueles cuja religião não é a mesma do governo de seu país.) Correlativamente, houve uma perda de poder por parte de: monarcas, aristocracias, eclesiásticos, a classe média baixa e homens por oposição a mulheres. Os grandes industriais, embora mais fortes do que em qualquer época precedente, se sentiram inseguros diante da ameaça socialista e mais particularmente por medo de Moscou. Os interesses de guerra — generais, almirantes, aviadores e indústrias de armamentos — estavam em situação parecida: de momento fortes, mas ameaçados por bandos pestilentos de pacifistas e bolcheviques. Os setores já derrotados — os reis e os nobres, os pequenos comerciantes, os homens que por temperamento eram adversários da tolerância religiosa e aqueles que choravam os dias da dominação masculina sobre as mulheres — pareciam estar definitivamente liquidados; pensava-se que os desenvolvimentos econômicos e culturais não lhes haviam deixado lugar no mundo moderno. Naturalmente que estavam insatisfeitos, e coletivamente eles eram muitos. Como a filosofia nietzschiana adequava-se psicologicamente às suas necessidades mentais, os industriais e militares, muito espertamente, utilizaram-na para unir os setores derrotados num partido que apoiasse a reação medievalista contra tudo e contra todos, salvo a indústria e a guerra. Com relação à indústria e à guerra, tudo teria de ser moderno em matéria de técnica, salvo a repartição do poder e o esforço de paz que tornavam os socialistas perigosos aos olhos dos magnatas.

Os componentes irracionais da filosofia nazista se devem, portanto, politicamente falando, à necessidade de arregimentar o apoio de setores que não têm mais nenhuma razão de ser, enquanto os componentes comparativamente sãos se devem aos industriais e militares. Aqueles componentes são "irracionais" porque, sendo muito improvável que os pequenos comerciantes, por exemplo, possam realizar suas aspirações, as crenças fantásticas são o seu único refúgio contra o desespero; *per contra*, as aspirações dos industriais e militares talvez possam se realizar por meio do fascismo, mas muito dificilmente de alguma outra forma. O fato de suas aspirações só poderem se realizar por meio da ruína da civilização não os torna irracionais e sim satânicos. Esses homens constituem intelectualmente o melhor, e moralmente o pior, componente do movimento; os demais, deslumbrados pela imagem da glória, do heroísmo e do autossacrifício, ficaram cegos aos seus verdadeiros interesses e se deixaram, na chama da emoção, ser usados para propósitos que não eram os seus. Esta é a psicopatologia do nazismo.

Eu classifiquei como sãos os industriais e militares que apoiam o fascismo, mas esta sanidade é apenas relativa. Thyssen acredita poder, através do movimento nazista, matar o socialismo e ampliar imensamente os seus mercados. Mas não há razão para acreditar que ele esteja mais certo do que estavam seus predecessores em 1914. Sua necessidade de incitar a autoconfiança e o sentimento nacionalista alemães atinge níveis perigosos, e o resultado mais provável disso é uma guerra fracassada. Grandes sucessos iniciais não bastariam para garantir a vitória final; hoje, como há vinte anos, o governo alemão esquece os Estados Unidos.

Há um fator muito importante que, no conjunto, está contra os nazistas, ainda que se pudesse esperar que apoiaria a reação — me refiro à religião organizada. A filosofia do movimento que culminou no nazismo é, num certo sentido, um desenvolvimento lógico do protestantismo. A moral de Fichte e de Carlyle é calvinista, e Mazzini, que durante toda a vida se opôs a Roma, professava uma crença totalmente luterana na infalibilidade da consciência individual. Nietzsche acreditava apaixonadamente no valor do indivíduo e considerava que o herói não devia se submeter à autoridade; neste aspecto ele desenvolvia o espírito de revolta protestante. Poder-se-ia esperar que as igrejas protestantes saudassem o movimento nazista, e até certo ponto elas o fizeram. Mas, em todos os aspectos que tinha em comum com o catolicismo, o protestantismo teve de enfrentar a oposição da nova filosofia. Nietzsche é enfaticamente anticristão e Houston Chamberlain transmite a impressão de que o cristianismo é uma superstição degenerada que floresceu entre os mestiços cosmopolitas do Oriente. A rejeição da modéstia, do amor ao próximo e dos direitos dos humildes contraria os ensinamentos do evangelho; e o antissemitismo, quando teórico e prático, é difícil de conciliar com uma religião de origem judaica. Por essas razões, nazismo e cristianismo têm dificuldade de se tornarem amigos e não é impossível que seu antagonismo venha a causar a derrocada dos nazistas.

Há ainda outra razão pela qual o moderno culto da irracionalidade, na Alemanha como em qualquer outro lugar, é incompatível com toda forma de cristianismo. Inspirado pelo judaísmo, o cristianismo adotou a noção de Verdade e a virtude correlata da Fé. A noção e a virtude sobreviveram em "dúvida honesta", como todas as virtudes cristãs, entre os livres-pensadores vitorianos. Pouco a pouco, porém, a influência do ceticismo e da publicidade criou a impressão de que é inútil buscar a verdade, mas muito lucrativo afirmar a falsidade. A probidade intelectual foi assim destruída. Ao explicar o programa nazista, Hitler diz:

> "O Estado nacional cuidará da ciência como um meio de elevar o orgulho nacional. Não apenas a história do mundo, também a história da civilização deve ser ensinada a partir desse ponto de vista. O inventor deve ser engrandecido, não apenas como inventor mas principalmente como compatriota. Em todo grande feito a admiração e o orgulho devem se combinar, por ser o seu afortunado realizador um membro de nossa mesma nação. Devemos extrair os maiores dentre a massa de grandes nomes da história alemã e exibi-los aos jovens de um modo marcante para que se convertam em pilares de um inabalável sentimento nacionalista."

A concepção da ciência como busca de verdade desapareceu tão completamente da mente de Hitler, que ele não se dá ao trabalho de argui-la. Como sabemos, chegou-se a pensar que a teoria da relatividade estava errada por ter sido inventada por um judeu. A Inquisição rejeitou a doutrina de Galileu porque a considerava falsa; mas Hitler aceita ou rejeita doutrinas por motivos políticos, sem levar em conta a noção de verdadeiro e falso. O pobre William James, que inventou este ponto de vista, ficaria horrorizado com o uso que se faz dele; mas, quando se abandona a concepção de verdade objetiva, é claro que a pergunta "Em que devo acreditar?" tem de ser resolvida, como escrevi em 1907, por meio do "apelo à força e ao arbitramento dos grandes batalhões" e não pelos métodos da teologia ou da ciência. Os Estados cuja política se baseia na revolta contra a razão hão de se ver, portanto, em conflito com o saber, mas também com as Igrejas ali onde ainda exista o verdadeiro cristianismo.

Um importante fator causal da revolta contra a razão é o fato de que muitos homens capazes e enérgicos, não encontrando um modo de dar vazão à sua paixão pelo poder, tornam-se subversivos. Antigamente, os pequenos Estados distribuíam mais poder político, assim como os pequenos negócios distribuíam mais poder econômico. Imaginemos a imensa população que dorme nos subúrbios e trabalha nas grandes cidades. Quem chega a Londres por trem, atravessa grandes regiões inteiramente ocupadas por casinhas habitadas por famílias que não têm qualquer sentimento de solidariedade com a classe trabalhadora; ausente o dia inteiro, às ordens de seu empregador, o chefe da família não desempenha nenhum papel nos problemas locais; a única válvula de escape para a sua iniciativa é cuidar de seu jardim nos fins de semana. Politicamente, ele tem inveja de tudo o que se faz em benefício da classe trabalhadora, mas seu esnobismo o impede de adotar, ainda que se considere pobre, os métodos do socialismo ou do sindicalismo. Talvez o seu subúrbio seja mais populoso do que muitas cidades famosas da antiguidade, mas a vida coletiva é débil e ele não tem tempo para se interessar por ela. Para um homem como esse, que tenha alguma disposição de ânimo para a insatisfação, o movimento fascista pode aparecer como uma libertação.

A decadência da razão política é o produto de dois fatores: por um lado, existem classes e tipos de indivíduos para quem o mundo real não oferece nenhuma perspectiva, mas que não veem esperança no socialismo porque não são assalariados; por outro, existem homens enérgicos e capazes cujos interesses são contrários aos da comunidade em geral e que, portanto, manifestam uma propensão para manter a sua influência promovendo formas diversas de histeria. Os grandes fantasmas são o anticomunismo, o medo da corrida armamentista e o ódio da concorrência estrangeira. Não estou afirmando que um indivíduo racional não possa alimentar tais sentimentos; digo, sim, que eles são usados para impedir a reflexão inteligente sobre os problemas práticos. As duas coisas de que o mundo mais precisa são o socialismo e a paz, mas ambos são contrários aos interesses dos homens mais poderosos de nossa época. Não é difícil fazer com que o caminho que conduz até eles pareça contrário aos interesses da maioria da população, e a maneira mais fácil de fazê-lo é gerar histeria de massa. Quanto maior for o perigo do socialismo e da paz, mais os governos corromperão a vida mental dos governados; e quanto maiores as dificuldades econômicas do presente, mais as pessoas afetadas desejarão ser convencidas a abandonar a sobriedade intelectual em favor de alguma quimera sedutora.

A febre nacionalista que não para de crescer desde 1848 é uma forma de culto à irracionalidade. A ideia de verdade universal foi abandonada: há a verdade inglesa, a verdade francesa, a verdade alemã, a verdade montenegrina e a verdade do principado de Mônaco. Da mesma forma, há uma verdade para o trabalhador e outra para o capitalista. O único meio de decidir entre essas diferentes "verdades", quando se perde a perspectiva da persuasão racional, é a guerra e a rivalidade propagandística desenfreada. Enquanto não forem resolvidos os profundos conflitos nacionais e de classes que infectam nosso mundo, será difícil crer que a humanidade retorne a uma atitude mental racional. A dificuldade é que, enquanto prevalecer a irracionalidade, só por acaso poderemos encontrar soluções para os nossos problemas; pois enquanto a razão, por ser impessoal, propicia a cooperação universal, a irracionalidade, por representar paixões pessoais, torna inevitável a luta. É por isso que a racionalidade, no sentido de apelo a um padrão universal e impessoal de verdade, é da máxima importância para o bem-estar da espécie humana não só nas épocas em que prevalece com facilidade, mas também, e ainda mais, nesses tempos menos afortunados em que é desprezada e rejeitada como um sonho vão de homens que não têm a virilidade necessária para matar quando não estão de acordo.

Capítulo 6

Cila e Caribde, ou comunismo e fascismo

Muita gente diz, hoje em dia, que comunismo e fascismo são as únicas alternativas políticas reais, e que quem não apoia um está na prática apoiando o outro. Eu me oponho a ambos e não posso aceitar essa escolha mais do que aceitaria, se estivesse no século XVI, optar entre ser protestante ou católico. Pretendo expor da maneira mais sucinta possível as minhas objeções, primeiro ao comunismo, depois ao fascismo e finalmente ao que ambos têm em comum.

Quando falo de um "comunista", me refiro a uma pessoa que segue a doutrina da Terceira Internacional. Num certo sentido, os primeiros cristãos eram comunistas, assim como muitas seitas medievais; mas este sentido é hoje obsoleto. Apresentarei, pois, meus motivos para não ser um comunista *em série*.[10]

1. Eu não concordo com a filosofia de Marx, menos ainda com o *materialismo* e *empiriocriticismo* de Lenin.

Não sou materialista, embora esteja ainda mais distante do idealismo. Não acredito na existência de nenhuma necessidade dialética na mudança histórica; Marx adotou esta crença de Hegel sem o seu fundamento lógico, qual seja, a primazia da ideia. Marx acreditava que o próximo estágio do desenvolvimento humano teria de constituir, em algum sentido, um progresso; eu não vejo motivo algum para acreditar nisso.

2. Não aceito a teoria marxista do valor, muito menos a sua versão da teoria do valor excedente. A teoria de que o valor de troca de uma mercadoria é proporcional ao trabalho invertido na sua produção, que Marx toma de Ricardo, é refutada pela teoria ricardiana da renda, tendo sido há muito abandonada por todos os economistas não marxistas. A teoria do valor excedente está fundada na teoria da população de Malthus, que Marx rejeita num outro momento. A economia de Marx não forma um conjunto lógico coerente, pois

---

[10] Em itálico, no original. (N.T.)

está construída ora sobre a aceitação, ora sobre a rejeição, de doutrinas mais antigas, conforme lhe pareça mais conveniente em sua causa contra os capitalistas.

3. É perigoso considerar alguém infalível; a consequência é necessariamente a supersimplificação. A inspiração verbal, que é a tradição da Bíblia, tornou os homens demasiado propensos a procurar um livro sagrado. Mas esse culto à autoridade é contrário ao espírito científico.

4. O comunismo não é democrático. O que se chama de "ditadura do proletariado" é, na verdade, a ditadura de uma pequena minoria, transformada em classe oligárquica governante. A história mostra que os governos são sempre conduzidos segundo os interesses da classe dominante, a não ser quando influenciado pelo medo da perda do poder. Esse ensinamento não é da História apenas, é do próprio Marx. A classe governante do Estado comunista tem ainda mais poder do que a classe capitalista no Estado "democrático". Enquanto mantiver a lealdade das forças armadas, ela poderá usar o poder para obter para si mesma vantagens tão nocivas quanto as que desfrutam os capitalistas. Supor que ela agirá sempre em prol do bem geral é puro idealismo tolo, contrário até à psicologia política marxiana.

5. O comunismo restringe a liberdade, em especial a liberdade intelectual, mais do qualquer outro sistema, à exceção do fascismo. A unificação total do poder econômico e político produz uma terrível máquina de opressão, na qual não há lugar para exceções. Sob tal sistema, o progresso cedo se tornaria impossível, uma vez que é da natureza dos burocratas se oporem a quaisquer mudanças, salvo o aumento do próprio poder. Verdadeiras inovações só seriam possíveis se fatores puramente acidentais propiciassem a sobrevivência de personalidades impopulares. Kepler vivia da astrologia, Darwin de sua herança, Marx da "exploração" dos operários de Manchester por parte de Engels. Oportunidades como essas, de sobreviver a despeito da impopularidade, seriam impossíveis sob o comunismo.

6. Existe em Marx, e no pensamento comunista atual, uma glorificação indevida do trabalho manual em detrimento do trabalho

intelectual. Criou-se com isso um desnecessário antagonismo entre o socialismo e os trabalhadores intelectuais, sem cuja ajuda dificilmente se poderá organizar o Estado socialista. A linha divisória entre as classes é situada pelos marxistas, na prática ainda mais do que na teoria, num nível da escala social demasiado baixo.

7. A pregação da guerra de classe levará à sua eclosão num momento em que as forças opostas estão mais ou menos equilibradas, ou em que a preponderância está do lado dos capitalistas. Em caso de supremacia dos capitalistas, a consequência será um período de reação. Se as forças se equivalerem, o resultado mais provável será, considerando os modernos métodos de guerra, a destruição da civilização, com o consequente desaparecimento tanto do capitalismo quanto do comunismo. Eu penso que, ali onde existe democracia, os socialistas deveriam confiar na persuasão, somente usando a força para repelir o uso ilegal da força por parte de seus oponentes. Esse método permitirá que os socialistas conquistem uma supremacia tão grande, que a guerra final deverá ser breve e não suficientemente séria para destruir a civilização.

8. Há tanto ódio em Marx e no comunismo que é difícil de acreditar que, quando vitoriosos, os comunistas estabeleçam um regime que não dê margem à maldade. Os argumentos a favor da opressão hão de parecer aos vitoriosos mais fortes do que realmente são, especialmente se a vitória acontecer após uma guerra incerta e feroz. Depois de uma guerra assim, o lado vitorioso dificilmente estará inclinado a uma reconstrução sadia. Os marxistas esquecem com muita facilidade que a psicologia própria da guerra resulta do medo e independe da causa original da disputa.

A visão de que comunismo e fascismo são, na prática, as únicas opções possíveis parece-me definitivamente falsa no que respeita aos Estados Unidos, à Inglaterra e à França, e provavelmente também à Itália e à Alemanha. A Inglaterra teve um período de fascismo sob Cromwell, a França sob Napoleão, mas em nenhum caso isso foi um obstáculo para a subsequente democracia. Nações politicamente imaturas não são os melhores guias para o futuro político.

Minhas objeções ao fascismo são mais simples do que minhas objeções ao comunismo e, em certo sentido, mais fundamentais. No conjunto, estou de acordo com o propósito dos comunistas; meus desacordos se dão mais com relação aos meios do que com os fins. Mas, no caso dos fascistas, me desagradam tanto os fins quanto os meios.

O fascismo é um movimento complexo; suas formas alemã e italiana são bastantes diferentes entre si e, caso ele se espalhe para outros países, poderá assumir formas ainda novas. Ele guarda, porém, certos traços essenciais, sem os quais deixa de ser fascismo. O fascismo é antidemocrático, nacionalista, capitalista e apela aos setores da classe média que se sentem prejudicados pelo desenvolvimento moderno e temem ser mais prejudicados ainda com o estabelecimento do socialismo e do comunismo. O comunismo também é antidemocrático, mas apenas por algum tempo, pelo menos até onde seus postulados teóricos possam ser considerados fiéis à sua prática política; além disso, ele tem por objetivo atender os interesses dos assalariados, que constituem a maioria nos países avançados e que os comunistas pretendem tornar a totalidade da população. O fascismo é antidemocrático num sentido mais fundamental. Ele não adota como princípio positivo da arte de governar a maior felicidade do maior número de pessoas, antes seleciona determinados indivíduos, nações e classes como "os melhores", os únicos a merecerem consideração.

Na luta pela conquista do poder, o fascismo tem de apelar a uma parte considerável da população. Na Alemanha, como na Itália, ele surgiu do socialismo, através da rejeição de tudo o que havia de antinacionalista no programa ortodoxo. Ele herdou do socialismo a ideia do planejamento econômico e do aumento do poder do Estado, mas este planejamento, em vez de beneficiar o mundo inteiro, está voltado para o interesse das classes superiores e médias de um único país. E ele busca salvaguardar esses interesses não tanto pelo aumento da eficiência, mas pelo aumento da opressão, seja sobre os assalariados seja sobre os setores não populares da própria classe média. Entre as classes situadas fora do âmbito de sua benevolência, ele pode, na melhor das hipóteses, obter um êxito comparável ao de uma prisão bem dirigida; mais do que isso está fora de suas pretensões.

Minha objeção básica ao fascismo é a seleção de uma parte da humanidade como a única relevante. Não resta dúvida de que todos os detentores do poder fizeram o mesmo, na prática, desde que pela primeira vez um governo foi instituído; mas o cristianismo sempre reconheceu, em teoria, cada alma humana como um fim em si mesma e não como simples meio para a glória das demais. A democracia moderna retirou sua força dos ideais morais do cristianismo e fez muito para desviar os governos da preocupação exclusiva com os interesses dos ricos e poderosos. O fascismo é, sob este aspecto, um retorno ao que havia de pior no antigo paganismo.

Se fosse capaz de vencer, o fascismo não faria nada para combater os males do capitalismo; ao contrário, os tornaria ainda piores. O trabalho manual seria realizado como trabalho forçado ao nível da subsistência; as pessoas nele engajadas não teriam nenhum direito político, nenhuma liberdade de escolher o lugar de moradia e trabalho e nem de manter uma vida familiar permanente. Seriam escravos, na verdade. O início de tudo isso já pode ser visto na maneira alemã de lidar com o desemprego; na verdade, é o resultado inevitável do capitalismo livre do controle da democracia, o resultado inevitável de qualquer ditadura a julgar pelas condições semelhantes do trabalho forçado na Rússia. No passado, o absolutismo sempre vinha acompanhado de alguma forma de escravidão ou servidão.

Este seria o resultado em caso de vitória do fascismo, mas dificilmente um resultado permanente, porque o fascismo não é capaz de resolver o problema do nacionalismo econômico. A mais poderosa força de sustentação dos nazistas tem sido a indústria pesada, especialmente a siderurgia e a indústria química. A indústria pesada, nacionalmente organizada, é a que maior influência exerce, atualmente, a favor da guerra. Se em todos os países civilizados o governo fosse subserviente aos interesses da indústria pesada — como já acontece em boa medida —, a guerra seria não apenas longa, mas inevitável. Cada nova vitória do fascismo torna a guerra mais próxima; e o mais provável é que, quando ela eclodir, varrerá o fascismo junto com a maior parte de tudo o que existe.

O fascismo não é um conjunto ordenado de crenças, como o *laisser-faire*, o socialismo e o comunismo. É essencialmente um protesto emocional: de um lado, por parte dos membros da classe média (como os pequenos lojistas), que sofrem com o desenvolvimento econômico moderno, e, de outro, por parte dos anárquicos magnatas industriais cuja paixão pelo poder cresceu a ponto de se transformar em megalomania. O fascismo é irracional no sentido de que não pode realizar as aspirações daqueles que o apoiam; não existe uma filosofia do fascismo, somente uma psicanálise. Se ele pudesse vencer, o resultado seria a miséria generalizada; mas sua incapacidade de encontrar solução para o problema da guerra torna impossível que sua vitória dure mais do que um breve momento.

Não considero provável que a Inglaterra e os Estados Unidos adotem o fascismo porque, em ambos os casos, a tradição do governo representativo é forte demais para permitir esse desenvolvimento. O cidadão comum, que carrega o sentimento de que os assuntos públicos lhe dizem respeito, não iria querer perder o direito de expressar suas opiniões políticas. Eleições gerais e presidenciais são acontecimentos esportivos, como o Derby, e sem elas a vida perderia a graça. Com relação à França, é impossível ter tanta confiança. Mas ficarei surpreso se a França adotar o fascismo, a não ser temporariamente, talvez, durante uma guerra.

Algumas objeções — no meu espírito, as mais conclusivas — se aplicam igualmente ao comunismo e ao fascismo. Ambos são intentos de minorias que querem moldar à força a população segundo um padrão preconcebido. Ambos veem a população como uma pessoa vê os materiais com que pretende construir uma máquina: os materiais sofrem grandes transformações, de acordo somente com os seus propósitos, não de nenhuma lei de desenvolvimento que lhes seja inerente. Em se tratando de seres vivos, e principalmente no caso de seres humanos, há resultados que decorrem do crescimento espontâneo e outros que só podem ser produzidos por meio de exigências e pressões. É possível que os embriologistas consigam criar monstros de duas cabeças, ou com o nariz no lugar dos dedos; mas a vida não é muito agradável para tais monstruosidades. Da mesma forma, fascistas e comunistas, que carregam em suas mentes imagens totalizantes da sociedade, distorcem os indivíduos de maneira a adequá-los aos seus padrões; os que não podem ser adequadamente distorcidos são eliminados ou enviados aos campos de concentração. Eu não vejo como possa ser eticamente justificável, ou politicamente bem-sucedido a longo prazo, um ponto de vista que ignora por completo os impulsos espontâneos dos indivíduos. Da mesma forma como é possível dar a um arbusto a forma de um pavão, pode-se infligir aos seres humanos, por meio da violência, uma distorção similar. Mas o arbusto é passivo, enquanto o homem permanece ativo, de uma ou de outra forma, independente da vontade do ditador. O arbusto não pode transmitir a lição do jardineiro sobre o uso da tesoura, mas um ser humano distorcido sempre pode encontrar outros mais humildes sobre os quais aplicar tesouras mais modestas. O efeito inevitável da moldagem artificial dos indivíduos é a produção da crueldade ou da indiferença, talvez as duas alternadamente. De uma população com essas características não se pode esperar nada de bom.

O efeito moral sobre o ditador é outra questão para a qual comunistas e fascistas dão pouca atenção. Se ele se mostra, de início, um homem sem compaixão, será sempre excessivamente cruel e não hesitará em fazer uso de todas as formas de crueldade para atingir seus fins impessoais. Se, por outro lado, for propenso à compaixão pelas misérias que a teoria o obriga a infligir, se verá obrigado a ceder o lugar a um sucessor dotado de têmpera mais dura ou a sufocar seus sentimentos humanitários, caso em que se tornará, provavelmente, ainda mais sádico do que o sujeito que não passou por tal luta. Nos dois casos, o governo estará em mãos de homens impiedosos, em quem a paixão pelo poder é camuflada pela aspiração a um certo tipo de sociedade. Pela lógica inevitável do despotismo, o que quer que tenha existido de bom nos propósitos originais da ditadura pouco a pouco desaparecerá de vista, e a preservação do poder do ditador irá aparecer pouco a pouco, nua e crua, como o único propósito da máquina do Estado.

A preocupação com as máquinas gerou aquilo que podemos chamar de mentira do manipulador, que consiste em tratar os indivíduos e as sociedades como entes inanimados e os manipuladores como entes divinos. Os seres humanos mudam sob tratamento, e os operadores mudam eles próprios devido ao efeito causado pelas operações. A dinâmica social é, portanto, uma ciência muito difícil, sobre a qual se sabe muito menos do que o necessário para justificar uma ditadura. No manipulador típico, todo sentimento a favor do crescimento natural do paciente é atrofiado; o resultado não é, como ele espera, a adaptação passiva a uma situação conforme ao modelo preestabelecido, mas um crescimento mórbido e distorcido que gera um padrão grotesco e macabro. O argumento psicológico definitivo a favor da democracia e da paciência é o de que o livre crescimento, o direito de ir e vir e a vida natural não sujeita a uma disciplina rígida são essenciais para que os homens não se transformem em monstros disformes. Em todo caso, por acreditar, como acredito, que as ditaduras comunista e fascista são igualmente indesejáveis, eu repudio a ideia de considerá-las as únicas alternativas e de tratar como obsoleta a democracia. Se os homens acreditarem que fascismo e comunismo são as únicas alternativas, assim será; mas se pensarem de outra forma, não será.

Capítulo 7
Em defesa do socialismo

A grande maioria dos socialistas de hoje são discípulos de Karl Marx, de quem herdaram a convicção de que a única força política capaz de criar o socialismo é a cólera dos proletários despossuídos contra os proprietários dos meios de produção. Como uma reação inevitável, aqueles que não são proletários decidiram, com relativamente poucas exceções, que o socialismo é algo a que se deve resistir. Quando ouvem os que se proclamam seus inimigos pregarem a luta de classes, sentem-se naturalmente inclinados a começar a luta eles próprios, enquanto ainda detêm o poder. O fascismo é uma retaliação ao comunismo, uma retaliação formidável. Enquanto o socialismo for pregado em termos marxistas, ele provocará antagonismos tão poderosos que seu êxito se tornará a cada dia mais improvável nos países desenvolvidos do Ocidente. De toda forma, ele provocaria a oposição dos ricos, mas seria uma oposição menos feroz e generalizada.

De minha parte, embora eu seja um socialista tão convicto quanto o mais ardente dos marxistas, não vejo o socialismo como o evangelho da vingança proletária e nem mesmo, primordialmente, como um meio de garantir a justiça econômica. Eu o vejo mais que tudo como um ajustamento à produção mecânica, demandado por considerações de senso comum e calculado para aumentar a felicidade não apenas dos proletários, mas da totalidade da raça humana, com a exceção de uma ínfima minoria. E se ele não pode ser hoje conquistado sem uma sublevação violenta, isso se deve em boa medida à violência de seus defensores. Mas ainda tenho esperança de que uma defesa mais razoável possa abrandar a oposição e provocar a transição menos catastrófica possível.

Comecemos pela definição do socialismo. A definição deve ter duas partes, a econômica e a política. A parte econômica consiste na propriedade estatal do máximo poder econômico, que abarca, pelo menos, as terras e os minerais, os capitais, os bancos, o crédito e o comércio exterior. A parte política exige que o máximo poder político seja democrático. O próprio Marx, assim como a quase totalidade dos socialistas antes de 1918, não faria qualquer objeção a esta parte da definição, mas desde que os bolcheviques dissolveram a Assembleia Constituinte, na Rússia, desenvolveu-se uma doutrina diferente, segundo a qual, quando um governo socialista obtém êxito por meio de uma revolução, o poder político deve caber exclusivamente aos seus defensores mais ardorosos. Claro, é preciso admitir que depois de uma guerra civil nem sempre é possível devolver de imediato aos derrotados os seus direitos civis, mas nesse caso também não é possível estabelecer de imediato o socialismo. Um governo socialista que tenha realizado a parte econômica do socialismo não terá completado sua tarefa enquanto não tiver conquistado apoio popular suficiente para tornar possível o governo democrático. A necessidade de democracia fica evidente se considerarmos um caso extremo. Um déspota oriental pode decretar que todos os recursos naturais do território são sua propriedade e nem por isso estará estabelecendo um regime socialista. Sem controle popular, não há motivo para se esperar que o Estado conduza seus empreendimentos econômicos com objetivos diferentes de seu próprio enriquecimento e, neste caso, a exploração apenas assumirá uma nova forma. A democracia deve, pois, ser aceita como parte da definição de um regime socialista.

Com relação à parte econômica da definição, é necessário primeiro esclarecer alguns pontos, já que existem formas de empreendimento privado que alguns considerariam compatíveis com o socialismo e outros não. Deve um pioneiro poder construir, para seu uso, uma cabana de madeira num pedaço de terra arrendado pelo Estado? Sim, mas daí não se conclui que se deve permitir a construção privada de arranha-céus em Nova York. Da mesma forma, uma pessoa pode emprestar um xelim a um amigo e nem por isso um financista deve poder emprestar dez milhões a uma companhia ou governo estrangeiro. É uma questão de grau e de fácil ajuste, já que uma grande quantidade de formalidades legais são necessárias nas grandes transações, mas não nas pequenas. Nas situações em que tais formalidades são indispensáveis, o Estado tem a oportunidade de exercer o seu controle. Consideremos outro exemplo: joias não são capital no sentido econômico, por não constituírem meios de produção. Mas, do jeito como as coisas funcionam atualmente, um possuidor de diamantes pode vendê-los e comprar ações. Sob o socialismo, as pessoas poderão ter diamantes, mas não poderão vendê-los para comprar ações, simplesmente porque não haverá ações a serem compradas. A riqueza privada não precisará ser legalmente proibida, somente o investimento privado, resultando daí que, como ninguém será credor de juros, a riqueza privada se dissolverá pouco a pouco, exceto no que diz respeito a uma razoável quantidade de bens pessoais. O poder econômico sobre os seres humanos não deve pertencer a nenhum indivíduo. A única propriedade privada que deve sobreviver é a que não cria poder econômico.

As vantagens que se pode esperar do estabelecimento do socialismo, supondo-se que ele seja possível sem uma guerra revolucionária devastadora, são de tipos muito diversos e de modo algum se limitam à classe dos assalariados. Não creio que essas vantagens possam resultar da vitória de um partido socialista em um conflito de classes longo e difícil, que exacerbaria os ânimos, levaria ao primeiro plano militares cruéis, deitaria a perder por morte, exílio ou prisão o talento de especialistas valiosos e daria ao governo vitorioso uma mentalidade de caserna. Todos os méritos que reivindico para o socialismo têm como pressuposto que ele virá à luz por meio da persuasão, e que a força porventura necessária servirá apenas para derrotar pequenos grupos de descontentes. Estou convencido de que, se a propaganda socialista fosse conduzida com menos ódio e amargura, apelando não à inveja, mas à óbvia necessidade de organização econômica, a tarefa de convencimento seria enormemente facilitada e a necessidade de força, reduzida na mesma proporção. Eu desaprovo o uso da força, a não ser em defesa daquilo que foi legalmente estabelecido por meio da persuasão, porque: (a) provavelmente ela não terá sucesso; (b) a luta será desastrosamente destrutiva; e (c) depois de uma guerra obstinada, os vitoriosos esquecerão seus objetivos originais e instituirão algo totalmente diferente, provavelmente uma tirania militar.

Considero, portanto, que a capacidade de convencer a maioria a aceitar as suas doutrinas é o pressuposto necessário de um socialismo bem-sucedido.

Seguem-se nove argumentos em favor do socialismo, nenhum deles novo e nem todos de igual importância. A lista poderia ser indefinidamente ampliada, mas eu creio que estes são suficientes para mostrar que o socialismo não é o evangelho de uma única classe.

O colapso da motivação do lucro

O lucro, como categoria econômica independente, somente se torna claro a partir de um certo estágio de desenvolvimento industrial. Mas o seu germe pode ser visto nas relações entre Robinson Crusoe e Sexta-Feira. Vamos supor que, no outono, Robinson tenha conquistado, com sua espingarda, o controle de todo o suprimento de comida da ilha. Ele está, portanto, em posição de obrigar Sexta-Feira a trabalhar na preparação da colheita do ano seguinte, entendendo-se que Sexta-Feira se manterá vivo e que a totalidade do excedente irá para seu empregador. Aquilo que Robinson Crusoe recebe sob tal contrato deve ser considerado o juro sobre seu capital, que é constituído das poucas ferramentas e da comida estocada que ele possui. Mas o lucro, tal como acontece em condições mais civilizadas, envolve a circunstância adicional da troca. Um fabricante de pano, por exemplo, não faz tecidos só para si mesmo e sua família. Ele tem outras necessidades a serem satisfeitas, e para adquirir esses bens terá de vender a maior parte de sua produção. Para fabricar o tecido, porém, ele deverá comprar alguns insumos: algodão cru, máquinas, trabalho e energia. O seu lucro provém da diferença entre o que paga por esses insumos e o que recebe pelo produto acabado. Se, no entanto, é ele quem administra a própria fábrica, deve-se deduzir o salário do gerente que seria pago para fazê-lo; quer dizer, o lucro do fabricante consiste no ganho total menos o ganho do hipotético gerente. Num grande negócio, em que os acionistas não executam nenhum trabalho administrativo, o que eles recebem é o lucro do empreendimento. Quem tem dinheiro para investir é movido pela expectativa do lucro, que é, portanto, o móvel determinante da escolha dos novos empreendimentos a serem iniciados e dos antigos a serem ampliados. Os defensores de nosso sistema atual partem do suposto de que a expectativa do lucro levaria, no conjunto, à produção das mercadorias certas nas quantidades certas. No passado, isso era até certo ponto verdade, mas hoje já não é mais assim.

Isso é consequência do caráter complexo da produção moderna. Se sou um remendão de aldeia à moda antiga e as pessoas me trazem seus sapatos para consertar, eu sei que haverá demanda para o produto do meu trabalho. Mas se sou um grande fabricante de sapatos, empregando maquinaria cara, preciso estimar a quantidade de pares de sapatos que serei capaz de vender, e não é improvável que erre na minha estimativa. Outro fabricante pode ter maquinaria melhor e ser capaz de vender sapatos mais baratos, ou meus antigos clientes podem ficar mais pobres e aprender a fazer seus sapatos durarem mais, ou ainda a moda pode mudar e meus clientes passarem a demandar um tipo de sapato que não sou capaz de produzir com minhas máquinas. Se acontece uma dessas coisas, não apenas eu deixo de obter lucros, como minhas máquinas ficam ociosas e meus empregados, sem trabalho. O trabalho utilizado na fabricação de minhas máquinas, que acabou não resultando na produção de mercadorias úteis, terá sido tão inútil quanto areia jogada no mar. Os homens demitidos do emprego não estarão mais produzindo bens para servir às necessidades humanas, e a comunidade terá empobrecido na proporção do gasto que terá de fazer para livrá-los da miséria. Vivendo do seguro-desemprego e não do salário, as pessoas passam a gastar muito menos, causando, por conseguinte, desemprego entre os que produzem as mercadorias que elas consumiam. E, assim, o erro de cálculo inicial quanto ao número de sapatos que eu posso vender com uma certa margem de lucro produz, pouco a pouco, círculos cada vez mais amplos de desemprego, acompanhado da redução da demanda. Quanto a mim, sigo atado à minha dispendiosa maquinaria, que provavelmente absorveu todo o meu capital e meu crédito, o que me impossibilita mudar repentinamente do ramo dos sapatos para outra indústria mais próspera.

Consideremos agora um ramo de negócio mais especulativo: a construção naval. Durante a guerra, e por algum tempo depois dela, houve uma imensa demanda de navios. Como ninguém sabia quanto tempo a guerra ia durar, e nem se os submarinos teriam êxito, fizeram-se preparativos extremamente cuidadosos para construir uma quantidade de navios jamais vista. Em 1920, as perdas de guerra já haviam sido repostas e a demanda de navios sofreu um decréscimo repentino devido à redução do comércio marítimo. Quase todos os estaleiros ficaram ociosos e a grande maioria dos trabalhadores foi demitida. Eles não mereciam tal infortúnio, já que o próprio governo os conclamara freneticamente a construir navios o mais rápido que pudessem. Mas, sob nosso sistema de livre-iniciativa, os governos não assumem nenhuma responsabilidade pelos que ficam sem trabalho. Inevitavelmente, a miséria se espalhou. A demanda de aço foi reduzida, atingindo a indústria siderúrgica. A demanda de carne argentina e australiana diminuiu, porque o desempregado tinha de se contentar com uma dieta mais magra. Em consequência, diminuiu a demanda de manufaturados que Austrália e Argentina compravam em troca de sua carne. E assim indefinidamente.

Há outra razão muito importante para o fracasso da motivação do lucro nos dias atuais: a ausência de escassez. Certos tipos de mercadorias custam menos quando produzidas em grande escala. Nesse caso, o modo de produção mais econômico talvez fosse uma única fábrica mundial para cada uma dessas mercadorias. Mas como a situação atual resulta de um desenvolvimento gradativo, o resultado é que existem muitas fábricas. Cada uma acha que se estivesse sozinha no mercado poderia abastecer o mundo inteiro e obter lucros enormes. Na prática, existem diversos concorrentes, nenhum funcionando a plena capacidade, e nenhum, portanto, seguro de operar com lucro. Isso leva ao imperialismo econômico, porque a única possibilidade de lucro repousa no controle exclusivo de um grande mercado. Enquanto isso, os concorrentes mais fracos vão enfrentando dificuldades e fechando suas fábricas, e quanto maior a unidade que se fecha, maior o transtorno. A concorrência leva a um tal excesso de produção que as mercadorias já não podem ser vendidas com lucro. Por outro lado, a redução da oferta é demasiado lenta, uma vez que, onde a maquinaria é muito cara, pode ser menos desastroso operar com prejuízo durante anos a fio do que não produzir.

Todas essas desordens e desarranjos são consequência de se permitir que a grande indústria moderna seja governada pela motivação do lucro privado.

No regime capitalista, o custo que determina se um certo produto será fabricado por uma determinada firma é o custo para aquela firma, não para a comunidade. Vamos ilustrar essa diferença com um caso imaginário. Suponhamos que alguém — o sr. Henry Ford, por exemplo — invente uma forma de fabricar automóveis tão baratos que ninguém poderá competir com ele, resultando daí a falência de todos os outros fabricantes de automóveis. Para se estimar o custo desses novos carros para a coletividade, deve-se acrescentar, aos custos do sr. Ford, a exata proporção de todas as fábricas que pertenciam às firmas falidas, bem como o custo de recuperação e treinamento dos operários e administradores que elas empregavam e que agora estão sem trabalho. (Alguns poderão arranjar emprego com o sr. Ford, mas não todos, uma vez que o novo processo é mais barato e requer menos trabalho.) Talvez haja também outras despesas para a comunidade — disputas trabalhistas, greves, distúrbios, policiamento extra, processos e prisões. Quando todos esses itens forem contabilizados, talvez se descubra que o custo dos novos carros para a coletividade é, de início, consideravelmente mais alto que o dos velhos. Nesse exemplo, seria o custo para a coletividade o que determinaria a decisão socialmente vantajosa, ao passo que, em nosso sistema, é o custo para o fabricante individual que determina o que de fato irá acontecer.

Mais adiante tentarei explicar como o socialismo trataria desse problema.

A possibilidade do lazer

Devido à produtividade das máquinas, precisa-se hoje de muito menos trabalho do que antes para proporcionar um padrão aceitável de conforto à espécie humana. Alguns autores afirmam que uma jornada diária de uma hora bastaria, mas tal estimativa talvez não leve em consideração a Ásia, por exemplo. Eu prefiro pensar, para estar seguro de minha posição, que quatro horas de trabalho diário de todos os indivíduos adultos seriam suficientes para produzir todo o conforto material que pessoas razoáveis poderiam desejar.

Hoje, porém, devido à motivação do lucro, o lazer não pode ser distribuído de maneira uniforme: alguns ficam sobrecarregados de trabalho, outros sem trabalho nenhum. Daí decorre o seguinte: o valor do assalariado para o empregador depende da quantidade de trabalho que ele realiza: conquanto não exceda sete ou oito horas diárias, ela é considerada pelo empregador como proporcional à duração da jornada. O assalariado, por sua vez, prefere uma jornada mais longa com um bom salário a uma jornada mais curta com um salário muito mais baixo. Por isso, convém às duas partes que a jornada seja longa, deixando em apuros, ou aos cuidados das autoridades e às expensas do público, aqueles que, em consequência, ficam sem trabalho.

Como a maioria da espécie humana não alcança, atualmente, um nível razoável de conforto material, uma média de menos de quatro horas diárias de trabalho, se bem orientada, seria suficiente para produzir o que hoje se produz para satisfazer as necessidades básicas e os confortos elementares. Isso significa que, se a jornada de trabalho média dos que têm trabalho é de oito horas, mais da metade dos trabalhadores estariam desempregados se não existissem certas formas de ineficiência e de produção desnecessária. Tomando em primeiro lugar a ineficiência: já falamos dos desperdícios decorrentes da concorrência, mas devemos acrescentar-lhes tudo o que se gasta em publicidade e todo o trabalho altamente qualificado absorvido pela propaganda. O nacionalismo causa outro tipo de desperdício: devido às tarifas aduaneiras, os fabricantes de automóveis americanos, por exemplo, consideram necessário construir fábricas nos principais países europeus, quando obviamente se poderia poupar trabalho se eles produzissem todos os seus automóveis em uma única instalação industrial de grande porte nos Estados Unidos. Depois, há o desperdício da indústria de armamentos e do treinamento militar que abarca a totalidade da população masculina dos países onde existe o serviço militar obrigatório. Graças a essas e outras extravagâncias, somadas aos luxos dos ricos, mais da metade da população está ainda desempregada. Mas, enquanto durar o nosso sistema atual, qualquer passo rumo à eliminação do desperdício só fará aumentar as dificuldades atuais dos assalariados.

A insegurança econômica

No estado atual do mundo não só há muita gente na miséria como a maioria dos demais vive assombrada pelo medo perfeitamente razoável de ficar miserável a qualquer momento. Os trabalhadores vivem sob o risco permanente do desemprego, os funcionários sabem que suas firmas podem falir ou precisar reduzir seu pessoal, os homens de negócios, mesmo aqueles tidos como muito ricos, sabem que não é completamente improvável perderem tudo o que possuem. Profissionais liberais enfrentam uma luta dura. Depois de enormes sacrifícios para educar seus filhos, descobrem que já não há a mesma demanda para as qualificações que eles adquiriram. Os advogados percebem que as pessoas não podem mais pagar para recorrer à lei, ainda que grandes injustiças permaneçam sem solução. Os médicos descobrem que os lucrativos hipocondríacos de antes já não podem se dar ao luxo de ficar doentes, ao passo que os verdadeiros doentes têm de abrir mão de tratamentos de primeira necessidade. Acham-se homens e mulheres com formação universitária trabalhando atrás de balcões, que os livram da miséria às custas dos que antes lá estavam empregados. Em todas as classes, desde a mais baixa até quase a mais alta, o medo econômico governa os pensamentos dos homens durante o dia e seus sonhos durante a noite, tornando o trabalho exasperante e o lazer não reparador. Esse terror permanente é, creio eu, a principal causa do estado de loucura que vem varrendo uma parte considerável do mundo civilizado.

O desejo de enriquecer resulta, na maioria dos casos, da aspiração à segurança. As pessoas poupam e investem seu dinheiro na expectativa de terem do que viver quando ficarem velhos e enfermos e de evitarem que seus filhos recuem na escala social. Em épocas anteriores, essa expectativa era racional, porque ainda havia investimentos seguros. Hoje, porém, a segurança se tornou inalcançável: as maiores empresas quebram, os Estados vão à bancarrota, e o que quer que ainda esteja de pé está prestes a ser varrido pela próxima guerra. A consequência, exceto para quem continua a construir castelos de areia, é um estado lamentável de irresponsabilidade que torna muito difícil uma reflexão saudável sobre as possíveis soluções.

A segurança econômica faria mais pela felicidade das comunidades civilizadas do que qualquer outra mudança que se pudesse imaginar, salvo a prevenção da guerra. O trabalho — desde que socialmente necessário — deveria ser obrigatório por lei para todos os adultos saudáveis, mas os rendimentos deveriam depender somente da vontade de trabalhar, sem serem interrompidos caso seus serviços se tornassem, por qualquer motivo, temporariamente desnecessários. Os médicos, por exemplo, deveriam ter salários vitalícios, embora não devessem trabalhar depois de certa idade. Deveriam ter garantida uma boa educação para seus filhos. Se a saúde da coletividade melhorasse a ponto de não se precisar mais dos serviços de todos os profissionais qualificados, alguns deles poderiam ser empregados em pesquisas médicas, ou no desenvolvimento de melhorias sanitárias e de práticas alimentares. Creio não haver dúvida de que a grande maioria dos médicos seria mais feliz sob esse sistema do que sob o atual, mesmo que isso causasse a redução da remuneração dos poucos que alcançam a notoriedade.

A aspiração à riqueza extraordinária não é de forma alguma um estímulo necessário ao trabalho. Atualmente, a maioria dos homens não trabalha para enriquecer, mas para não empobrecer. Um carteiro não tem expectativa de ficar mais rico do que outro carteiro, nem um soldado ou um marinheiro espera fazer fortuna servindo ao seu país. São poucas as pessoas, é verdade — indivíduos em geral excepcionalmente enérgicos e importantes —, para quem a realização de grandes êxitos econômicos é a motivação dominante. Alguns fazem o bem, outros causam danos; alguns criam ou adotam alguma invenção útil, outros manipulam a bolsa de valores ou corrompem políticos. Mas o que todos eles querem é fundamentalmente o sucesso, cujo símbolo é o dinheiro. Se o sucesso fosse alcançável exclusivamente por outros meios, como honrarias e postos administrativos importantes, essas pessoas teriam ainda um incentivo adequado, e talvez viessem a achar necessário — mais do que acham hoje — trabalhar em benefício da coletividade. A aspiração à riqueza em si mesma, por oposição à aspiração ao sucesso, não é uma motivação socialmente útil, assim como não o é a aspiração ao excesso de comida e bebida. Não haveria nada de errado, portanto, com um sistema social que não desse espaço para essa aspiração. Por outro lado, um sistema que abolisse a insegurança acabaria com a maior parte da histeria da vida moderna.

Os ricos desempregados

Os males do desemprego são reconhecidos por todos. As agruras dos trabalhadores, as perdas para a comunidade e os efeitos desmoralizantes da impossibilidade de arranjar trabalho são temas tão familiares que é desnecessário nos alongarmos sobre eles.

Os desempregados ricos são outro tipo de mal. O mundo está cheio de gente desocupada, a maioria mulheres, que têm pouca educação, muito dinheiro e, consequentemente, uma enorme presunção. Sua riqueza lhes permite fazer devotar ao próprio conforto uma grande quantidade de trabalho. Embora raramente possuam verdadeira cultura, elas são as grandes benfeitoras das artes, que provavelmente só lhes agradam quando são de má qualidade. Sua inutilidade as impele a um sentimentalismo irreal, o que as leva a não apreciar a sinceridade e a exercer uma influência nefasta sobre a cultura. Nos Estados Unidos, em especial, onde os homens que ganham dinheiro vivem ocupados demais para gastá-lo consigo mesmos, a cultura é amplamente dominada por mulheres que só sabem se dar ao respeito reivindicando para os maridos o domínio da arte de ganhar dinheiro. Há quem afirme que o capitalismo é mais benéfico à arte do que seria o socialismo, mas eu creio que essas pessoas têm em mente as aristocracias do passado: elas esquecem as plutocracias do presente.

A existência de ricos desempregados tem outras consequências lamentáveis. Embora a tendência moderna seja, nas indústrias mais importantes, de existirem poucas grandes empresas em vez de muitas pequenas empresas, ainda há várias exceções a essa regra. Veja-se, por exemplo, a quantidade de lojas desnecessárias que há em Londres. Em todos os lugares onde as mulheres ricas fazem suas compras existem inúmeras lojas de chapéus, geralmente mantidas por condessas russas, cada uma se dizendo mais refinada do que as outras. Suas clientes vagueiam desta para a seguinte, gastando horas e horas numa compra que deveria ser questão de minutos. O trabalho dos que atendem nas lojas e o tempo dos que compram nelas é igualmente jogado fora. E há o mal adicional de que o sustento de muita gente depende desse tipo de futilidade. O poder de compra dos muito ricos gera ao seu redor um grande número de parasitas que temem ficar arruinados se não houver mais gente rica e desocupada para comprar seus artigos. São pessoas que sofrem moral, intelectual e artisticamente de uma insolúvel dependência do poder desses tolos.

A educação

A educação superior é, hoje em dia, uma prerrogativa quase exclusiva dos bem-nascidos. É certo que meninos e meninas oriundos da classe trabalhadora chegam às vezes à universidade através de bolsas de estudo, mas de modo geral eles têm de trabalhar tão duro no meio do caminho que já chegam sem energia e não conseguem realizar as perspectivas iniciais. O resultado de nosso sistema é um grande desperdício de capacidades: filhos de pais trabalhadores, meninos ou meninas, podem ter excepcionais capacidades matemáticas, musicais ou científicas, mas é muito improvável que tenham oportunidade de exercer seus talentos. Além disso, a educação ainda está totalmente impregnada de esnobismo, pelo menos na Inglaterra: nas escolas particulares e elementares, os alunos assimilam a consciência de classe a todo momento. E como a educação é, em geral, controlada pelo Estado, a escola defende o *status quo* e precisa, portanto, tanto quanto possível, embotar a capacidade crítica dos jovens, preservando-a de "pensamentos perigosos". Deve-se admitir que isso é inevitável em todo regime inseguro, mas, ao passo que um regime socialista poderia, com o tempo, tornar-se seguro o bastante para não temer a crítica, no regime capitalista de hoje é quase impossível que isso venha a acontecer, a não ser pela implantação de um Estado escravagista em que os trabalhadores não tenham acesso à educação. Até que o sistema econômico tenha sido transformado, portanto, não se devem esperar soluções para os problemas do nosso sistema educacional.

A emancipação da mulher e o bem-estar das crianças

Apesar de tudo o que vem sendo feito em épocas recentes para a melhoria do *status* da mulher, a grande maioria das esposas ainda depende financeiramente de seus maridos. Essa dependência é, sob diversos aspectos, pior que a do trabalhador em relação ao seu patrão. Um empregado pode largar o emprego, o que não é tão fácil para uma esposa que sequer pode exigir remuneração por mais que trabalhe duro na manutenção da casa. Enquanto persistir esse estado de coisas, não se pode dizer que as esposas estejam se aproximando da igualdade econômica com os homens.

Ainda não conseguimos ver como esse problema pode ser solucionado sem a implantação do socialismo. É preciso que o Estado, e não o marido, arque com os custos da educação das crianças, e que as mulheres casadas, salvo durante o aleitamento e a parte final da gravidez, possam ganhar a vida trabalhando fora. Para isso, serão necessárias reformas na arquitetura, como já falamos anteriormente, além do estabelecimento de escolas maternais para as crianças pequenas. Isso trará um enorme benefício para as mães e sobretudo para as crianças, que precisam de condições de espaço, iluminação e alimentação impossíveis de se obter nas residências dos trabalhadores, e que, na escola maternal, podem ser fornecidas a baixo custo.

Esse tipo de mudança na situação das esposas e na educação das crianças talvez seja possível sem o socialismo total, e até já vem sendo realizada, aqui e ali, em pequena escala e de maneira incompleta. Mas não pode ser realizada de maneira completa e adequada senão como parte de uma transformação econômica geral da sociedade.

A arte

Já falei dos aperfeiçoamentos arquitetônicos que se podem esperar da implantação do socialismo. Antigamente, a pintura acompanhava e adornava a arquitetura dos grandes espaços e pode voltar a fazê-lo quando a mesquinha privacidade engendrada pelo medo da concorrência der lugar ao desejo de beleza comunal. A moderna arte do cinema tem imensas possibilidades que não poderão se desenvolver enquanto a motivação dos produtores for de natureza comercial. Os escritores sabem o quanto a literatura padece com a motivação comercial: os escritores mais vigorosos sempre acabam se indispondo com algum grupo, o que leva à queda de suas vendas. É difícil para os escritores não medir o próprio mérito pelos direitos autorais, e quando livros de má qualidade podem trazer boas compensações pecuniárias é necessário muita firmeza de caráter para produzir bons livros e continuar pobre.

Deve-se admitir que, no socialismo, as coisas podem ser ainda piores. Com o monopólio estatal das editoras, o Estado poderá, facilmente, exercer uma censura intolerante. Enquanto existir oposição violenta ao novo regime, isso será quase que inevitável. Mas, passado o período de transição, os livros que o Estado não quiser aceitar por falta de méritos poderão ser publicados se o seu autor achar que vale a pena custeá-los por meio de trabalho extra. Essas poucas horas não serão suficientes para gerar opressão, mas hão de servir para desencorajar escritores não totalmente convencidos de que seus livros contêm algo de valor. É importante que seja possível, mas não muito fácil, publicar um livro. Hoje em dia, os livros sobram em quantidade na mesma proporção em que carecem de qualidade.

Os serviços públicos não lucrativos

Desde o aparecimento do governo civilizado sabe-se que existem coisas que precisam ser feitas mas que não podem ser deixadas ao sabor da motivação do lucro. A mais importante delas tem sido a guerra: ninguém, por mais convencido que esteja da ineficiência da empresa estatal, advoga que a defesa do país seja contratada a empreiteiros privados. Mas há muitas coisas que as autoridades públicas consideram necessário realizar, como estradas, portos, faróis, parques urbanos e assim por diante. Um grande setor de atividade socializada que se desenvolveu durante os últimos cem anos é a saúde pública. De início, os defensores fanáticos do *laisser-faire* levantaram objeções, mas os argumentos práticos foram esmagadores. Se a teoria da empresa privada tivesse prevalecido, muitas formas novas de se fazer fortuna poderiam ter surgido. Um portador de doença infecciosa, por exemplo, poderia contratar uma agência de publicidade para enviar circulares às companhias ferroviárias, teatros etc. ameaçando morrer em suas dependências se não fosse paga uma soma à viúva. Mas afinal decidiu-se que a quarentena e o isolamento não deviam ser deixados ao sabor do empenho voluntário, já que o benefício era geral e a perda individual.

O aumento da quantidade e da complexidade dos serviços públicos foi um dos aspectos que caracterizaram o século passado. O mais importante deles é a educação. Antes da instituição, pelo Estado, do ensino universal obrigatório, as escolas e universidades tinham procedência diversa. Certos estabelecimentos religiosos vinham da Idade Média; estabelecimentos seculares, como o Collège de France, foram criados por monarcas ilustrados da Renascença; havia também instituições de caridade para pobres favorecidos. Nenhum desses estabelecimentos tinha fins lucrativos. Mas algumas escolas visavam ao lucro, e ainda há escolas com fins lucrativos que tendem a se apoiar mais em sua nobreza do que num nível elevado de proficiência acadêmica. No conjunto, a motivação do lucro tem tido pouca influência na educação, quase sempre para pior.

Quando as autoridades públicas não executam elas próprias o trabalho, consideram necessário controlá-lo. A iluminação pública pode ser operada por empresas privadas, mas tem de ser necessariamente operada, com fins lucrativos ou não. Residências podem ser construídas por empresas privadas, mas a construção é regulamentada. Hoje é amplamente reconhecida a necessidade de uma regulamentação mais estrita. O planejamento urbano unitário, tal como concebido por Sir

Christopher Wren depois do grande incêndio de Londres, poderia acabar com a imundície e a sordidez dos bairros miseráveis e subúrbios e tornar belas, agradáveis e salubres as cidades modernas. Esse exemplo ilustra ainda outro argumento contra a empresa privada nesse nosso mundo tão instável. A administração de grandes unidades espaciais constitui tarefa demasiado complexa mesmo para os maiores plutocratas. Londres, por exemplo, deve ser considerada na sua totalidade, uma vez que grande parte de seus habitantes mora em uma região e trabalha em outra. Questões importantes, envolvendo grandes interesses, que abrangem dois países diferentes não podem ser tratadas por um único governo. Hoje se transportam pessoas, mercadorias e energia com muito mais facilidade, de modo que as pequenas localidades se tornaram muito menos autossuficientes do que no tempo em que o cavalo era o mais veloz dos modos de locomoção. As centrais elétricas adquiriram tal importância que, se deixadas em mãos privadas, podem dar origem a um novo tipo de tirania, comparável à do barão medieval com seu castelo. Uma comunidade que depende de uma central elétrica não pode ter, evidentemente, um nível aceitável de segurança econômica se a central é livre para explorar sem limites as suas vantagens monopolísticas. A mobilidade dos bens ainda nos faz dependentes das ferrovias, e a das pessoas nos torna parcialmente dependentes, outra vez, das estradas. As ferrovias e os automóveis tornaram obsoleta a divisão das municipalidades, efeito semelhante ao dos aviões sobre as fronteiras nacionais. Assim, áreas cada vez maiores, exigindo um controle público crescente, vão se tornando cada vez mais necessárias devido ao avanço das invenções.

A guerra

Chego agora ao último e mais forte argumento em defesa do socialismo: a necessidade de evitar a guerra. Não vou perder tempo com a probabilidade nem com a malignidade da guerra, que são bem conhecidas. Vou limitar-me a duas questões: (1) Até que ponto o perigo da guerra está hoje ligado ao capitalismo? (2) Até que ponto o estabelecimento do socialismo eliminaria esse perigo?

A guerra é uma instituição antiquíssima, que não nasceu com o capitalismo, ainda que suas causas tenham sido sempre essencialmente econômicas. No passado, a guerra teve duas causas principais: as ambições pessoais dos monarcas e a ousadia expansionista de tribos e nações aguerridas. As conquistas romanas foram em grande parte motivadas pelos interesses pecuniários imediatos dos generais e seus legionários. Povos pastores como os árabes, hunos e mongóis foram muitas vezes impelidos a uma trajetória de conquistas devido à insuficiência de seus pastos. E a guerra sempre foi facilitada, salvo quando o monarca tinha o poder de impor a sua vontade (como nos Impérios Chinês e Romano tardio), pelo prazer que proporcionava a homens vigorosos e sedentos de vitórias, cujas façanhas os faziam admirados por suas mulheres. Mesmo tendo percorrido uma longa jornada desde seus primórdios, a guerra ainda conserva essas antigas motivações, que devem ser lembradas por todos aqueles que querem extirpá-la. A única salvaguarda definitiva contra a guerra é o socialismo internacional, mas mesmo o socialismo nacional nos principais países civilizados diminuiria enormemente a sua probabilidade, como procurarei demonstrar.

Embora o impulso aventureiro para a guerra ainda se conserve numa parte da população dos países civilizados, os motivos que levam ao desejo de paz são muito mais fortes hoje do que em qualquer outro período destes últimos séculos. A amarga experiência da última guerra ensinou às pessoas que nem mesmo aos vitoriosos ela trouxe prosperidade. E elas sabem que a próxima guerra causará perdas civis de magnitude nunca vista e de uma intensidade que a humanidade não experimenta desde a Guerra dos Trinta Anos. Sabem também que as perdas não serão limitadas, em nenhuma hipótese, a um dos lados em luta. Todos temem a destruição de suas capitais e a perda de um continente inteiro para a civilização. Os britânicos, em particular, têm consciência de que perderam sua ancestral imunidade às invasões. Essas considerações produziram um apaixonado desejo de paz na Grã-Bretanha e um sentimento similar, embora menos intenso, na maioria dos outros países.

Uma paz duradoura só pode nascer da eliminação das causas de inimizade entre as nações. Atualmente, essas causas residem antes de tudo nos interesses econômicos de alguns setores e só podem, portanto, ser abolidas por uma reconstrução econômica de base.

Tomemos a siderurgia como o mais claro exemplo da forma como as forças econômicas promovem a guerra. O fato essencial é que, com a técnica moderna, o custo de produção por tonelada é inversamente proporcional à quantidade produzida. Consequentemente, o lucro depende da existência de um mercado suficientemente grande. A indústria do aço dos Estados Unidos, dispondo de um mercado interno que excede em muito todos os demais, tem tido até aqui pouca necessidade de se meter em complicações políticas, a não ser agindo, quando necessário, para bloquear os esquemas de desarmamento naval. Mas as indústrias siderúrgicas alemã, francesa e britânica têm mercados menores do que exigem as suas necessidades técnicas. Elas poderiam, é claro, assegurar certas vantagens associando-se, mas também quanto a isso há objeções econômicas. Uma grande parte da demanda de aço deriva dos preparativos de guerra, o que faz com que a indústria do aço como um todo lucre com o nacionalismo e com o aumento dos programas armamentistas nacionais. Além disso, tanto o Comité des Forges quanto o truste siderúrgico alemão preferem esmagar os rivais por meio da guerra do que dividir lucros. E como as despesas de guerra recairão principalmente sobre terceiros, calculam que o resultado lhes será financeiramente vantajoso. Provavelmente se equivocam, mas esse equívoco é natural em homens audaciosos e autoconfiantes, intoxicados pelo poder.

É claro que seria impossível para a indústria siderúrgica, assim como para as que têm interesses similares, fazer com que as grandes nações servissem aos seus propósitos se a população não acalentasse impulsos suscetíveis aos seus apelos. Na França e na Inglaterra elas apelam ao medo, na Alemanha ao ressentimento contra a injustiça, e tais motivos são perfeitamente válidos, dos dois lados. Mas se o problema fosse enfrentado com ponderação, ficaria claro para ambos os povos que um acordo equânime deixaria todo o mundo mais feliz. Não há nenhuma razão pela qual os alemães devam continuar a sofrer injustiças, e se a injustiça fosse eliminada eles não teriam mais desculpa para se comportarem de um modo que inspira medo em seus vizinhos. Mas sempre que se faz um esforço para ser calmo e razoável, a propaganda intervém na forma de apelos ao patriotismo e à honra nacional. O mundo está na condição do bêbado que quer se recuperar, mas, cercado de amigos que a toda hora lhe oferecem bebida, acaba recaindo no vício. Nesse caso, os amigos são pessoas que ganham dinheiro com a sua propensão infeliz, de modo que o primeiro passo para a sua recuperação deve consistir em eliminá-los. É somente nesse sentido que o capitalismo moderno pode ser considerado uma causa da guerra: não é a causa inteira, mas proporciona um estímulo essencial às outras causas. Se ele deixasse de existir, a ausência do estímulo logo levaria os homens a verem o absurdo da guerra e a se empenharem na construção de acordos equânimes que tornassem improvável a sua ocorrência futura.

A solução completa e definitiva do problema suscitado pela siderurgia e por outras indústrias que têm interesses similares está no socialismo internacional, isto é, em sua operação a cargo de uma autoridade que representasse todos os governos envolvidos. Mas a nacionalização em cada um dos principais países industriais provavelmente bastaria para eliminar o perigo premente da guerra. Se a indústria siderúrgica estivesse nas mãos do governo, e sendo este um governo democrático, ela não seria administrada em benefício próprio, mas no de toda a nação. No balanço das contas públicas, os lucros realizados pela indústria siderúrgica às expensas de segmentos da coletividade seriam compensados por perdas em outros setores; e como a renda individual não sofreria variações com os ganhos e perdas de uma indústria isolada, ninguém teria motivo para promover os interesses da siderurgia às custas do público. O aumento da produção de aço gerado pela indústria de armamentos apareceria como uma perda, por causar a redução da oferta de bens de consumo. Dessa forma, os interesses públicos e privados seriam harmonizados e desapareceriam os motivos para a propaganda enganosa.

É preciso dizer ainda algo sobre a forma pela qual o socialismo solucionaria os problemas que estamos considerando.

Em lugar da busca de lucros como motivação principal da indústria haveria o planejamento governamental. Sem dúvida, é possível o governo cometer erros de cálculo, mas é menos provável que o faça do que o indivíduo privado, pois tem à sua disposição um conhecimento muito mais completo da realidade. Quando o preço da borracha subiu, todo o mundo plantou seringueiras, de modo que, passados alguns anos, a queda vertiginosa dos preços levou à conclusão de que era necessário um acordo para reduzir a produção. Uma autoridade central que controle todas as estatísticas pode evitar erros de cálculo desse tipo. Não obstante, causas imprevistas, como novas invenções, podem fazer fracassar mesmo as mais acuradas estimativas. Nesses casos, a coletividade pode ganhar promovendo transições graduais para os novos processos. Quanto aos que ficam sem trabalho, será possível sob o socialismo a adoção de medidas hoje impraticáveis devido ao medo do desemprego e à desconfiança mútua entre empregadores e empregados. Quando uma indústria decai e outra se expande, os trabalhadores mais jovens podem ser sacados da indústria que decai e treinados na que se expande. A maior parte do desemprego pode ser evitada com a redução da jornada de trabalho. Quando uma pessoa não encontrar nenhum trabalho, receberá assim mesmo o seu salário integral, pago em função da sua vontade de trabalhar. Quando o trabalho tiver de ser imposto, ele o será por meio da lei criminal e não de sanções econômicas.

Aqueles que fazem o planejamento, escolhidos pelo voto popular, serão responsáveis por encontrar o equilíbrio entre o conforto e o lazer. Se todos trabalharem quatro horas por dia haverá menos conforto do que se todos trabalharem cinco horas. Pode-se esperar que os aperfeiçoamentos tecnológicos serão em parte utilizados para proporcionar mais conforto e, em parte, para proporcionar mais lazer.

A insegurança econômica não mais existirá (exceto à medida que haja perigo de guerra), uma vez que todos, salvo os criminosos, terão direito a um salário e as despesas com as crianças serão cobertas pelo Estado. As esposas não dependerão mais dos maridos, nem se permitirá que as crianças sofram por causa das deficiências dos pais. Não haverá relação de dependência econômica entre os indivíduos, mas sim entre os indivíduos e o Estado.

Enquanto o socialismo existir somente em alguns países civilizados, a possibilidade da guerra permanecerá e a totalidade dos benefícios do sistema não será capaz de concretizar-se. Mas podemos assumir com segurança que todo país que adotar o socialismo deixará de ser agressivamente militarista e só estará preocupado em evitar a agressão por parte dos demais. Quando o socialismo tiver se generalizado em todo o mundo civilizado, os motivos para guerras em grande escala não deverão ter força suficiente para superar as razões, muito mais óbvias, de se preferir a paz.

O socialismo, eu repito, não é uma doutrina só para o proletariado. Ao combater a insegurança econômica, ele está calculado para aumentar a felicidade de todos, exceto de um punhado de ricos. E se ele for capaz, como eu creio firmemente, de evitar guerras de primeira grandeza, elevará imensamente o bem-estar no mundo inteiro, pois — apesar dos argumentos econômicos que lhe pretendem conferir uma aparência de racionalidade — a crença que nutrem alguns magnatas da indústria de poder lucrar com outra grande guerra não passa de um delírio insano de megalomaníacos.

Será verdade que o socialismo, um sistema tão universalmente vantajoso e tão fácil de compreender, um sistema recomendado pelo evidente colapso do atual regime econômico e pela iminência de uma guerra mundial catastrófica — será mesmo verdade que esse sistema só pode ser apresentado de maneira convincente aos proletários e a uns poucos intelectuais, que só pode ser implantado através de uma guerra de classe sangrenta, incerta e destrutiva? De minha parte, acho difícil acreditar nisso. O socialismo, sob certos aspectos, vai contra os velhos hábitos e por isso desperta uma oposição impulsiva que só aos poucos pode ser superada. Nos espíritos de seus opositores ele aparece associado ao ateísmo e ao reinado do terror. Mas socialismo não tem nada a ver com religião. O socialismo é uma doutrina econômica, o que significa que um socialista pode ser muçulmano, budista ou adorador de Brahma sem risco da incoerência. Quanto ao reinado do terror, tem havido muitos reinados do terror em épocas recentes, principalmente no campo da reação, de modo que nos países onde o socialismo surge como uma revolta contra tais reinados é de se esperar que herde um pouco da ferocidade do antigo regime. Mas eu penso que em países onde ainda existe alguma liberdade de pensamento e de expressão, a defesa socialista pode ser apresentada, com ardor e paciência, de modo a convencer muito mais da metade de toda a população. Se, quando chegar o momento, a minoria apelar ilegalmente para a força, a maioria terá de usá-la também, é claro, para reprimir os rebeldes. Mas, se o trabalho de convencimento tiver sido realizado a contento, a rebelião será tão sem esperança que nem os mais reacionários a intentarão e, se o fizerem, serão derrotados com tanta facilidade e rapidez que não haverá chance para o reinado do terror. Enquanto a persuasão for possível e a maioria não estiver convencida, o apelo à força está fora de questão. Quando a maioria estiver convencida, o problema poderá ser deixado à atuação ordinária do governo democrático, a menos que pessoas à margem da lei decidam organizar uma insurreição. Qualquer governo reprimiria uma tal insurreição, e os socialistas não têm mais pudor de apelar para a força do que os demais partidos constitucionais nos países democráticos. Se os socialistas vierem a ter um dia a força sob seu comando, é porque a conquistaram previamente por meio da persuasão.

Capítulo 8

A civilização ocidental

Ver a própria civilização numa perspectiva justa não é nada fácil. Para isso, existem três meios evidentes, a saber, as viagens, a história e a antropologia; todos me sugerem aquilo que eu tenho para dizer; mas nenhum deles é um auxiliar tão poderoso da objetividade quanto parece. O viajante só vê o que lhe interessa. Marco Polo, por exemplo, nunca notou como eram pequenos os pés das mulheres chinesas. O historiador dispõe os acontecimentos segundo padrões derivados de suas preocupações; a decadência de Roma foi atribuída às mais diversas causas: imperialismo, cristianismo, malária, divórcio e imigração — essas duas últimas as preferidas nos Estados Unidos entre padres e políticos, respectivamente. O antropólogo seleciona e interpreta os fatos conforme os preconceitos dominantes de sua época. O que é que nós, que ficamos em casa, sabemos sobre o selvagem? Os rousseaunianos dizem que ele é nobre, os imperialistas dizem que é cruel; os antropólogos de espírito eclesiástico dizem que ele é um virtuoso chefe de família, enquanto os defensores da reforma da lei do divórcio dizem que pratica o amor livre; Sir James Fraser diz que ele mata o próprio deus, outros dizem que dedica o seu tempo a cerimônias de iniciação. Em suma, o selvagem é um sujeito prestativo, que faz tudo o que as teorias antropológicas precisam. Apesar desses inconvenientes, as viagens, a história e a antropologia ainda são os melhores meios, e deles devemos tirar o melhor partido.

Antes de tudo, o que é a civilização? A principal característica da civilização, eu diria, é a antevisão. Esta é, de fato, a principal distinção entre homens e animais e entre adultos e crianças. Uma vez que a antevisão é uma questão de grau, podemos classificar nações e épocas como mais ou menos civilizadas segundo o grau de antevisão que exibem. E a antevisão é passível de medição quase precisa. Não direi que a antevisão média de uma comunidade é inversamente proporcional à taxa de juros, embora este seja um ponto de vista defensável. Mas podemos dizer que o grau de antevisão contido em um ato qualquer se mede por três fatores: o sofrimento presente, o prazer futuro e o intervalo de tempo entre eles. Isto é, obtém-se a antevisão dividindo-se o sofrimento presente pelo prazer futuro e multiplicando-se o resultado pelo tempo que os separa. Há uma diferença entre antevisão individual e coletiva. Numa comunidade aristocrática, ou plutocrática, uma pessoa pode suportar o sofrimento presente, enquanto outra desfruta o prazer futuro. Isso facilita a antevisão coletiva. Todas as obras características da era industrial exibem um alto grau de antevisão coletiva, no sentido de que o benefício de se construir ferrovias, portos ou navios só é colhido muitos anos mais tarde.

É verdade que no mundo moderno nunca se viu antevisão comparável à dos antigos egípcios, que embalsamavam seus mortos para a ressurreição dez mil anos mais tarde. Isso me conduz a outro componente essencial da civilização, a saber, o conhecimento. A antevisão baseada em superstições não pode ser considerada plenamente civilizada, embora propicie hábitos mentais fundamentais para o desenvolvimento da verdadeira civilização. O costume puritano de adiar o prazer para a próxima vida, por exemplo, sem dúvida facilitou a acumulação de capital necessária à produção industrial. Podemos, pois, definir a civilização como um modo de vida derivado da combinação de conhecimento e antevisão.

A civilização começa, nesse sentido, com a agricultura e a domesticação dos ruminantes. Até dias bem recentes, havia uma separação radical entre povos agrícolas e pastores. Pode-se ler no Gênesis XLVI, 31-4, que os israelitas tiveram de se estabelecer na terra de Gósen, e não no Egito, precisamente porque os egípcios se opunham à atividade pastoril: "E José disse a seus irmãos, e à casa de seu pai: subirei e farei saber ao faraó, e lhe direi: meus irmãos, e a casa de meu pai, que estavam na terra de Canaã, vieram até mim; os homens são pastores, são homens de gado e trouxeram consigo o seu rebanho e o seu gado e tudo o que têm. Quando, pois, o faraó vos chamar e disser: qual é o vosso trabalho?, respondereis: teus servos foram sempre, desde a juventude, homens de gado, tanto nós como nossos pais; podeis então habitar a terra de Gósen, porque todo pastor de rebanhos é abominação para os egípcios." Nas viagens de M. Huc encontramos uma atitude parecida dos chineses em relação aos pastores mongóis. No conjunto, o tipo agrícola sempre representou a civilização superior e teve mais relação com a religião.

Mas os rebanhos e manadas dos patriarcas tiveram uma considerável influência sobre a religião judaica e daí sobre o cristianismo. A história de Caim e Abel é uma peça de propaganda que pretende mostrar que os pastores são mais virtuosos que os lavradores. Não obstante, a civilização esteve apoiada basicamente na agricultura até a época moderna.

Até aqui, não vimos nenhuma diferença entre a civilização ocidental e a de regiões como a Índia, a China, o Japão e o México. As diferenças foram, de fato, muito pequenas até o advento da ciência. A ciência e a indústria são hoje as características distintivas da civilização ocidental; mas eu prefiro começar por uma reflexão sobre o que era a nossa civilização antes da Revolução Industrial.

Quando voltamos às origens da civilização ocidental, percebemos que a herança do Egito e da Babilônia caracteriza não só o Ocidente, mas todas as civilizações. O que há de distintivo do Ocidente começa com os gregos, que inventaram a prática do raciocínio dedutivo e a ciência da geometria. Os seus outros méritos ou não foram distintivos ou se perderam na Idade das Trevas. Na literatura e na arte, talvez tenham sido superiores, mas, em todo caso, não tão diferentes das outras nações antigas. Na ciência experimental, alguns de seus homens, especialmente Arquimedes, anteciparam os métodos modernos, mas não chegaram a construir uma escola ou uma tradição. A única contribuição proeminente e distintiva dos gregos à civilização foram o raciocínio dedutivo e a matemática pura.

Os gregos foram, no entanto, politicamente incompetentes, e sua contribuição à civilização se teria perdido, provavelmente, não fosse a capacidade administrativa dos romanos. Os romanos descobriram como conduzir o governo de um grande império por meio da administração pública e de um corpo de leis. Em impérios anteriores, tudo dependia do poder do monarca, mas no Império Romano a guarda pretoriana podia assassinar o imperador e o próprio Império podia ir a leilão sem que a máquina governamental sofresse grandes perturbações — não maiores, por exemplo, do que sofre hoje numa eleição geral. Fica a impressão de que os romanos inventaram a virtude da devoção ao Estado impessoal por oposição à lealdade pessoal ao governante. E certo que os gregos falavam de patriotismo, mas seus políticos eram corruptos e quase todos eles se deixaram subornar pelos persas em algum momento de suas carreiras. A concepção romana da devoção ao Estado é um componente essencial da estabilidade governamental que se produziu no Ocidente.

Um elemento a mais foi necessário para completar a civilização tal como existiu antes da época moderna, qual seja, a peculiar relação entre governo e religião que o cristianismo nos legou. O cristianismo foi totalmente apolítico em sua origem, uma vez que se formou no Império Romano como consolo dos que haviam perdido a liberdade nacional e pessoal e que herdou do judaísmo a atitude de condenação moral dos governantes do mundo inteiro. Nos anos que precederam Constantino, o cristianismo desenvolveu uma organização à qual o cristão devia mais lealdade do que ao próprio Estado. Quando Roma caiu, a Igreja conservou, numa síntese absolutamente singular, o que havia provado ser a essência das civilizações judaica, grega e romana. Do fervor moral dos judeus ficaram os preceitos morais do cristianismo; da paixão dos gregos pelo raciocínio dedutivo ficou a teologia; e do imperialismo e da jurisprudência romana ficaram o governo centralizado da Igreja e seu corpo de leis canônicas.

Esses elementos de uma civilização elevada, embora tenham em certo sentido se conservado durante a Idade Média, permaneceram mais ou menos latentes durante muito tempo. E a civilização ocidental não era de fato a melhor que havia nessa época: maometanos e chineses eram superiores ao Ocidente. Eu penso que a razão pela qual o Ocidente veio a iniciar a sua fulminante trajetória ascendente é, em larga medida, um mistério. Em nossa época existe o costume de se buscarem causas econômicas para tudo, mas as explicações que decorrem dessa prática tendem a ser demasiado superficiais. Causas econômicas por si só não explicam, por exemplo, a decadência da Espanha, que se deveu muito mais à intolerância e à estupidez. Não explicam também o advento da ciência. A decadência das civilizações constitui a regra, salvo para aquelas que entraram em contato com uma civilização estrangeira superior. Foram raros os períodos da História, e apenas em regiões esparsas, em que o progresso se deu de maneira espontânea. Talvez tenha havido progresso espontâneo no Egito e na Babilônia quando do desenvolvimento da escrita e da agricultura; houve progresso espontâneo na Grécia durante cerca de duzentos anos; e na Europa Ocidental tem havido progresso espontâneo desde a Renascença. Mas eu não creio ter existido, nas condições sociais gerais desses períodos e lugares, nada que os possa distinguir de muitos outros períodos e lugares onde não houve nenhum progresso. Não posso fugir à conclusão de que as épocas de grande progresso estão relacionadas à existência de uns poucos indivíduos de excepcional talento. É claro que certas condições sociais e políticas eram necessárias para que eles pudessem ser efetivos, mas não eram em todo caso suficientes, pois essas condições existiram muitas vezes sem os indivíduos e não houve progresso. Se Kepler, Galileu e Newton tivessem morrido na infância, a diferença que existe entre o mundo em que vivemos e o do século XVI seria incalculavelmente menor. A lição aqui contida é que não podemos dar o progresso por assegurado: se a oferta de indivíduos excepcionais despencar, não tenho dúvida de que acabaremos imersos numa imobilidade bizantina.

Uma coisa muito importante que devemos à Idade Média é o governo representativo. Essa instituição é importante porque inaugurou a possibilidade de fazer parecer aos súditos de um grande império que o governo foi escolhido por eles. Esse sistema produz um grau excepcional de estabilidade política nos lugares onde se fixa. Em épocas recentes, porém, ficou evidente que o governo representativo não é uma panaceia aplicável a todas as partes do globo terrestre. O seu êxito, na verdade, parece limitar-se principalmente às nações de língua inglesa e à França.

A coesão política, por um ou outro meio, tornou-se não obstante a marca distintiva da civilização ocidental em face das civilizações de outras regiões. Isso se deve mais que tudo ao patriotismo, que, embora tenha raízes nos particularismos judaicos e na devoção romana ao Estado, é um desenvolvimento muito moderno, que começa com a resistência inglesa à Armada[11] e cuja primeira expressão literária é Shakespeare. A coesão política baseada no patriotismo tem sido uma constante no Ocidente desde o fim das guerras religiosas e ainda se desenvolve com rapidez. A esse respeito, o Japão vem mostrando ser um aluno brilhante. No Japão antigo havia barões feudais turbulen-

---

[11] Frota espanhola derrotada pelos ingleses em 1588. Também conhecida como Armada Invencível. (N.T.)

tos, parecidos com os que infestaram a Inglaterra durante a Guerra das Rosas. Mas com a ajuda da pólvora e das armas de fogo, desembarcadas dos navios junto com os missionários cristãos, os Shogun estabeleceram a paz interna; e desde 1868, através da educação e da religião Shinto, o governo japonês conseguiu criar uma nação tão homogênea, resoluta e unida quanto qualquer nação ocidental.

O grau mais elevado de coesão social do mundo moderno resulta em boa medida das mudanças ocorridas na arte da guerra, que desde a invenção da pólvora têm feito aumentar continuamente o poder dos governos. Esse processo provavelmente ainda não terminou, mas foi complicado por um novo fator: à medida que a provisão das forças armadas passou a depender dos trabalhadores industriais, os governos passaram a ter necessidade de conquistar o apoio de setores mais amplos da população. Essa questão nos remete à arte da propaganda, na qual é de se supor que os governos façam rápidos progressos no futuro próximo.

A história da Europa nos últimos quatrocentos anos tem sido de crescimento e decadência simultâneos: decadência da velha síntese representada pela igreja católica e crescimento, ainda que bastante incompleto até aqui, de uma nova síntese baseada no patriotismo e na ciência. Não é razoável supor que uma civilização científica transplantada para regiões que não possuem os nossos antecedentes venha a ter características semelhantes às nossas. O enxerto da ciência no cristianismo e na democracia pode produzir resultados muito diferentes se aplicado aos cultos ancestrais e à monarquia absoluta. Devemos ao cristianismo certo respeito pelo indivíduo, sentimento em relação ao qual a ciência é absolutamente neutra. A ciência por si só não propõe ideias morais e é duvidoso que as ideias morais venham a substituir aquelas que herdamos da tradição. A tradição muda muito lentamente e nossas ideias morais ainda são, no essencial, próprias do regime pré-industrial; mas não se deve esperar que as coisas continuem assim. Pouco a pouco, os homens passarão a ter ideias mais adequadas aos seus hábitos físicos e ideais mais condizentes com a sua técnica industrial. A taxa de mudança dos modos de vida tornou-se mais elevada do que nunca: o mundo mudou mais nos últimos 150 anos do que nos mil anos anteriores. Se Pedro, o Grande pudesse ter tido uma conversa com Hamurabi, eles se teriam compreendido perfeitamente bem; mas nenhum dos dois compreenderia um financista moderno ou um magnata da indústria. Constitui um fato curioso que as novas ideias dos tempos modernos sejam todas técnicas ou científicas. Só muito tardiamente, ao romper os grilhões benevolentes das crenças éticas supersticiosas, a ciência começou a fomentar o desenvolvimento de novas ideias morais. Em toda situação para a qual o código convencional prescreve a aplicação do sofrimento (por exemplo, a proibição do controle da natalidade), uma ética mais humana é considerada imoral; consequentemente, aqueles que permitem que sua ética seja influenciada pelo conhecimento são tidos como criminosos pelos apóstolos da ignorância. Em todo caso, é pouco provável que uma civilização tão dependente da ciência como a nossa consiga barrar, a longo prazo, a produção de formas de conhecimento capazes de aumentar substancialmente a felicidade humana.

O fato é que nossas ideias morais tradicionais ou são puramente individualistas, como a ideia da santidade pessoal, ou só se aplicam a grupos muito menores do que os que importam no mundo moderno. Um dos efeitos mais notáveis da técnica moderna sobre a vida social é o alto grau de organização das atividades humanas no interior de grandes grupos, a ponto de uma ação pessoal poder exercer uma considerável influência sobre grupos remotos com os quais o seu próprio grupo mantém relações de cooperação ou conflito. Grupos pequenos, como a família, diminuem de importância, restando um único grande grupo, qual seja, a nação ou Estado, que a moral tradicional leva em alguma consideração. Decorre daí que a verdadeira religião de nossa época, até onde não constitua mera tradição, é o patriotismo. O homem médio aspira a sacrificar sua vida ao patriotismo e sente essa obrigação moral de um modo tão imperativo que nenhuma revolta lhe parece possível.

Não é de todo improvável que o movimento em direção à liberdade individual, característico do período que vai da Renascença até o liberalismo do século XIX, possa se extinguir com o aumento da organização resultante da produção industrial. A pressão da sociedade sobre o indivíduo pode voltar, sob uma nova forma, a ser tão grande quanto nas comunidades bárbaras, e as nações irão se vangloriar cada vez mais de suas realizações coletivas em detrimento das individuais. Nos Estados Unidos isso já acontece: as pessoas se orgulham de seus arranha-céus, suas pontes e suas estações ferroviárias mais do que de seus poetas, artistas e homens de ciência. A mesma atitude impregna a filosofia do governo soviético. É verdade que continua existindo, nesses países, o desejo de possuir heróis: na Rússia, cabe a Lenin tal distinção; nos Estados Unidos, a atletas, pugilistas e estrelas de cinema. Nos dois casos, porém, os heróis ou já estão mortos ou são triviais, de modo que as importantes tarefas do presente não são associadas aos nomes de pessoas célebres.

É interessante especular se coisas de grande valor podem ser produzidas pelo esforço coletivo em lugar do individual, e se uma civilização assim construída seria capaz de atingir uma qualidade excepcional. Essa questão, eu creio, não pode ser respondida com ligeireza. É possível que, em questões de arte e de intelecto, a cooperação possa produzir melhores resultados do que os alcançados, no passado, pelo esforço individual. Na ciência há uma tendência de associar-se o trabalho mais ao laboratório do que às pessoas, e talvez fosse bom que tal tendência fosse ainda mais marcante, para o bem da cooperação. Mas para que um trabalho importante, de qualquer natureza, seja coletivo faz-se necessário um certo cerceamento do indivíduo: ele não poderá ser tão autoritário quanto foram até aqui os homens de gênio. A moral cristã aborda esse problema, mas num sentido oposto àquele que geralmente se supõe. Costuma-se pensar que o cristianismo, por promover o altruísmo e o amor ao próximo, é anti-individualista. Isto é um equívoco psicológico. O cristianismo apela à alma do indivíduo e enfatiza a salvação pessoal. O que um indivíduo faz pelo próximo é o que tem de fazer por ser a coisa certa para ele, e não porque pertença, instintivamente, a um grupo maior. O cristianismo, desde a sua origem e ainda hoje na sua essência, não é político, sequer familiar, e tende consequentemente a tornar o indivíduo mais autocontido do que a natureza o fez. No passado, a família atuava como um corretivo desse individualismo, mas a família está em decadência e não tem mais sobre os instintos dos homens o controle que costumava ter. O que a família perdeu, a nação ganhou, pois o apelo à nacionalidade é o que ainda proporciona aos instintos biológicos algum campo de ação no mundo industrial. Desde o ponto de vista da estabilidade, porém, a nação é uma unidade estreita demais. Seria desejável que os instintos biológicos do homem se aplicassem à sua própria raça, mas isso não parece psicologicamente factível a não ser que a humanidade inteira fosse ameaçada por um grave perigo externo, uma nova doença ou uma fome planetária, por exemplo. Como não é provável que isso ocorra, não vislumbro nenhum mecanismo psicológico que pudesse dar à luz um governo mundial, salvo a conquista do mundo inteiro por uma nação ou um grupo de nações. Essa parece ser a linha natural do desenvolvimento e talvez venha a acontecer nos próximos cem ou duzentos anos. Na civilização ocidental, tal como é agora, a ciência e a técnica industrial são muito mais importantes do que todos os fatores tradicionais juntos. E seria um erro supor que o efeito dessas inovações sobre a vida humana já é algo que se pareça com o seu pleno desenvolvimento: as coisas se movem hoje mais rápido do que nunca, mas não tão rapidamente assim. O último acontecimento da história do desenvolvimento humano que se compara em importância à explosão da produção industrial foi a invenção da agricultura, e a agricultura levou muitos milhares de anos para se espalhar por todo o globo, levando consigo o seu sistema de ideias e o seu modo de vida. E o modo de vida agrícola sequer chegou a conquistar inteiramente as aristocracias do mundo, boa parte das quais, com seu conservadorismo característico, permaneceu no estágio da caça, como fica provado pelas nossas leis de caça e pesca. Dessa forma, é de se esperar que a perspectiva agrícola sobreviva ainda por muitas eras, nos países atrasados e entre os setores atrasados da população.

Mas não é essa perspectiva o que distingue a civilização ocidental, bem como o rebento que ela está dando à luz do Oriente. Nos Estados Unidos, onde inexiste um capesinato indígena, até a agricultura aparece associada a uma mentalidade semi-industrial. Na Rússia e na China, o governo adota uma perspectiva industrial, mas tem de pelejar com uma vasta população de camponeses ignorantes. Convém lembrar, no entanto, que uma população que não sabe ler e escrever pode se transformar mais rapidamente por meio da ação governamental do que a população da Europa Ocidental e dos Estados Unidos. Através da educação e de uma propaganda adequada, o Estado pode levar a geração nascente a desprezar os mais velhos em um grau que deixaria boquiabertas as garotas mais avançadinhas dos Estados Unidos; dessa forma, uma mudança completa de mentalidade pode ser produzida em uma única geração. Na Rússia, esse processo já está ocorrendo a pleno vapor; na China, está apenas começando. É lícito esperar, portanto, que esses países desenvolvam uma mentalidade industrial genuína, livre dos elementos tradicionais que ainda sobrevivem nas regiões ocidentais de desenvolvimento mais lento.

A civilização ocidental mudou, e está mudando, com tanta rapidez que muita gente apegada ao passado se sente vivendo num mundo estranho. Mas o presente apenas faz realçar elementos que de alguma forma sempre estiveram presentes desde os tempos de Roma e que distinguiram a Europa da Índia e da China. A energia, a intolerância e a abstração intelectual são o que distingue as melhores épocas da Europa das melhores épocas do Oriente. Na literatura e na arte, os gregos foram melhores, mas sua superioridade em relação à China é apenas uma questão de grau. Da energia e da inteligência eu já falei bastante; mas da intolerância é necessário dizer ainda algo, porque ela tem sido uma característica europeia mais persistente do que as pessoas são em geral capazes de perceber.

Os gregos, é verdade, foram menos viciados em intolerância do que seus sucessores. Mas condenaram Sócrates à morte; e Platão, apesar de sua admiração por Sócrates, achava que o Estado devia ensinar uma religião que ele próprio considerava falsa, e que quem a colocasse em dúvida devia ser processado. Confucianos, taoistas e budistas não teriam aprovado uma doutrina tão hitlerista. A polida elegância de Platão não era caracteristicamente europeia; a Europa tem sido mais guerreira e perspicaz do que polida. O traço distintivo da civilização ocidental pode ser melhor visto na narrativa de Plutarco sobre como Siracusa foi defendida com a ajuda dos engenhos mecânicos inventados por Arquimedes.

Uma fonte de perseguições era muito desenvolvida entre os gregos, qual seja, a inveja democrática. Aristides foi levado ao ostracismo porque sua fama de homem íntegro era incômoda. Heráclito de Éfeso, que não era nenhum democrata, exclamou: "Os efesianos deviam todos se enforcar, todos os homens adultos, e deixar a cidade para os jovens imberbes; eles desterraram Hermodorus, o melhor de todos os seus homens, dizendo: 'Não queremos que ninguém seja o melhor dentre nós: se há alguém assim, que seja noutro lugar e entre outras pessoas.'" Muitas das características negativas de nossa época existiram entre os gregos: fascismo, nacionalismo, militarismo, comunismo, chefões e políticos corruptos; belicosidade vulgar e um pouco de perseguição religiosa. Eles tiveram bons indivíduos, nós também temos; então, como agora, muitos sofrem o exílio, a prisão e a morte. É verdade que a civilização grega teve uma superioridade muito concreta sobre a nossa, qual seja a ineficiência da polícia, que deixou escapar um monte de gente decente.

Foi a conversão de Constantino ao cristianismo que propiciou a primeira ocasião para a expressão plena dos impulsos persecutórios que distinguiram a Europa da Ásia. Houve, é verdade, um curto intervalo de liberalismo durante os últimos 150 anos, mas hoje as raças brancas estão retornando ao fanatismo teológico que os cristãos herdaram dos judeus. Foram os judeus que inventaram a ideia de que uma única religião podia ser a verdadeira, mas, como nunca tiveram a pretensão de converter o mundo inteiro, só perseguiram outros judeus. Os cristãos, que mantiveram a crença judaica numa revelação especial, acrescentaram-lhe a aspiração dos romanos à dominação do mundo e o gosto dos gregos pelas sutilezas metafísicas. Tal combinação criou a religião mais ferozmente persecutória que o mundo já conheceu. No Japão e na China, o budismo foi pacificamente aceito e sua prática permitida junto com a religião Shinto e o confucionismo; no mundo muçulmano, cristãos e judeus não eram molestados enquanto pagassem os tributos; mas, por toda a cristandade, a morte era a pena usual pelo mais ínfimo desvio da ortodoxia.

Com aqueles que não gostam da intolerância fascista e comunista eu não tenho nenhum desacordo, a menos que isso seja visto como um afastamento da tradição europeia. As pessoas que se sentem sufocadas em uma atmosfera de ortodoxia governamental persecutória teriam se dado um pouco melhor em épocas precedentes da própria Europa do que na Rússia e Alemanha modernas. Será que, se um passe de mágica nos transportasse ao passado, veríamos Esparta como um aperfeiçoamento desses países modernos? Será que gostaríamos de viver em sociedades como as da Europa do século XVI, que condenavam à morte quem não acreditasse em bruxaria? Teríamos suportado a velha Nova Inglaterra e admirado o tratamento que Pizarro deu aos incas? Teríamos gostado da Alemanha renascentista, onde cem mil bruxas foram queimadas em apenas um século? Teríamos gostado da Boston do século XVIII, quando os líderes religiosos atribuíam os terremotos de Massachusetts à impiedade dos para-raios? Teríamos simpatizado com o papa Pio IX, que se recusou, já no século XIX, a reconhecer a Sociedade para a Prevenção da Crueldade com os Animais dizendo ser heresia crer que o homem tem qualquer obrigação para com os animais inferiores? Receio que a Europa, apesar de inteligente, tenha sido sempre horrenda, a não ser no curto período que vai de 1848 a 1914. Hoje, infelizmente, os europeus estão retornando ao seu padrão.

Capítulo 9
Sobre o cinismo juvenil

Quem visita as universidades do Ocidente é capaz de se surpreender com o fato de que os jovens inteligentes de hoje em dia são muito mais cínicos do que os das gerações passadas. Não é o caso na Rússia, Índia, China ou Japão; creio que também não seja na Tchecoslováquia, Iugoslávia e Polônia, e nem em toda a Alemanha, mas é com certeza uma característica notável dos jovens inteligentes na Inglaterra, França e Estados Unidos. Para entender por que a juventude é cínica no Ocidente, precisamos entender por que ela não é cínica no Oriente.

Na Rússia, os jovens não são cínicos porque, de maneira geral, concordam com a filosofia comunista e têm um país grande e cheio de recursos naturais à espera de ser explorado com a ajuda da inteligência. Eles carregam, portanto, o sentimento de que vale a pena seguir as carreiras que têm pela frente. Não é preciso refletir sobre os objetivos da vida quando se está envolvido com a criação da utopia, projetando um oleoduto, construindo uma ferrovia e ensinando os camponeses a usar tratores Ford, tudo ao mesmo tempo, numa frente de seis quilômetros. A juventude russa é, por essa razão, vigorosa e cheia de ardentes ideais.

Na Índia, a convicção básica dos jovens conscientes é a perversidade da Inglaterra: desta premissa, como da existência de Descartes, é possível deduzir toda uma filosofia. Do fato de a Inglaterra ser cristã, segue-se que o hinduísmo, ou o islamismo, conforme o caso, é a única religião verdadeira. Do fato de a Inglaterra ser capitalista e industrial, segue-se, conforme a índole do lógico em questão, que todo o mundo devia fabricar panos com rodas de fiar ou que a imposição de medidas protecionistas para desenvolver a indústria e o capitalismo nativos é a melhor arma para combater o domínio britânico. Do fato de que os britânicos submetem a Índia pela força física, segue-se que somente a força moral é digna de respeito. A repressão das atividades nacionalistas na Índia é aquela estritamente suficiente para torná-las heroicas e insuficiente para que pareçam fúteis. Dessa forma, os anglo-hindus salvam a juventude inteligente da Índia da peste do cinismo.

Na China, o ódio à Inglaterra também desempenhou o seu papel, muito menor do que na Índia, porém, porque os ingleses nunca conquistaram o país. A juventude chinesa combina o nacionalismo com um entusiasmo genuíno pelo Ocidente, de uma forma parecida com o que havia no Japão há cinquenta anos. Os jovens querem que o povo chinês seja instruído, livre e próspero, e planejaram o seu trabalho para atingir esse resultado. Seus ideais são, em geral, os mesmos do século XIX, que na China ainda não começaram a parecer obsoletos. O cinismo, na China, esteve associado aos oficiais do regime imperial e sobreviveu entre os grupos de militares rivais que agitaram o país desde 1911, mas não tem lugar na mentalidade dos intelectuais modernos.

No Japão, a perspectiva dos jovens intelectuais não é muito diferente da que prevaleceu no continente europeu entre 1815 e 1848. As divisas do liberalismo ainda são poderosas: governo parlamentar, liberdade individual, de pensamento e de expressão. A luta contra o feudalismo tradicional e a autocracia é amplamente suficiente para manter os jovens ocupados e plenos de entusiasmo.

Para o jovem sofisticado do Ocidente, todo esse ardor parece uma fruta passada. Ele está firmemente convencido de que, depois de haver estudado as coisas de maneira objetiva, já compreendeu tudo e descobriu que não há mais "nada de novo sob o sol". Existe, evidentemente, uma penca de razões para essa atitude nos ensinamentos dos mais velhos. Mas não creio que tais razões digam respeito ao cerne do problema, porque em outras circunstâncias os jovens reagem contra os ensinamentos dos mais velhos e adquirem o seu próprio evangelho. Se a juventude ocidental dos dias de hoje reage apenas com cinismo, deve haver algum motivo especial. Os jovens não apenas são incapazes de acreditar no que lhes é dito, mas parecem incapazes de acreditar no que quer que seja. Essa é uma situação peculiar que merece ser investigada. Consideremos alguns dos antigos ideais, um por um, e vejamos por que eles não inspiram mais as antigas lealdades. Vamos enumerá-los: religião, país, progresso, beleza e verdade. O que há de errado com eles aos olhos da juventude?

Religião

O problema aqui é em parte intelectual, em parte social. Devido a causas intelectuais, poucos homens de talento têm hoje a mesma intensidade de convicção religiosa de um Santo Tomás de Aquino, por exemplo. O Deus da maioria dos modernos é um tanto vago, pronto para se dissolver numa força vital ou num "poder exterior a nós que favorece a justiça". Mesmo os que têm fé estão muito mais preocupados com os efeitos terrenos da religião do que com o outro mundo em que dizem acreditar; não estão nem um pouco mais seguros de que o mundo foi criado para a glória de Deus do que dispostos a considerar que Deus é apenas uma hipótese útil para melhorá-lo. Ao subordinar Deus às necessidades da nossa vida sublunar, lançam suspeitas sobre o caráter genuíno de sua fé. Parecem pensar que Deus, tanto quanto o sabá, foi feito para o homem. Há também razões sociológicas para não aceitar as igrejas como base de um idealismo moderno. Com seus dotes, as igrejas se tornaram inseparáveis da defesa da propriedade. Além disso, estão ligadas a uma ética opressiva, que condena prazeres que aos jovens parecem inofensivos e inflige tormentos que aos céticos parecem desnecessários e cruéis. Conheci jovens cheios de energia que aceitavam sinceramente os ensinamentos de Cristo; viviam em oposição ao cristianismo oficial, rejeitados e perseguidos, como se fossem militantes ateus.

País

O patriotismo foi, em muitas épocas e lugares, uma convicção apaixonada à qual as melhores cabeças podiam dar total assentimento. Assim foi na Inglaterra dos tempos de Shakespeare, na Alemanha de Fichte e na Itália de Mazzini. Assim é ainda na Polônia, na China e na Mongólia exterior. Nos países ocidentais ele ainda é imensamente poderoso: domina a política, o gasto público, os preparativos de guerra e assim por diante. Mas os jovens inteligentes não podem aceitá-lo como um ideal adequado; consideram-no justo no caso das nações oprimidas, mas percebem que logo que a nação oprimida conquista a liberdade o nacionalismo, de heroico, se transforma em opressivo. Os poloneses, que ganharam a simpatia dos idealistas desde que Maria Tereza "chorou mas tomou",[12] usaram a liberdade conquistada para organi-

---

[12] Arquiduquesa da Áustria, que participou, a contragosto, do segundo tratado de partição da Polônia, assinado em agosto de 1772 pela Áustria, Prússia e Rússia. (N.T.)

zar a opressão da Ucrânia. Os irlandeses, a quem os britânicos impuseram a civilização durante oitocentos anos, usaram sua liberdade para aprovar leis que proibiam a publicação de uma plêiade de bons livros. Poloneses assassinando ucranianos e irlandeses assassinando a literatura são espetáculos que faz o nacionalismo parecer um ideal impróprio até para um pequeno país. E quando atinge uma nação poderosa, o argumento é ainda mais válido. O Tratado de Versalhes não foi nada animador para quem teve a sorte de não ser morto defendendo ideais traídos pelos seus próprios governantes. Aqueles que durante a guerra garantiram estar combatendo o militarismo se tornaram os maiores militaristas em seus respectivos países quando a guerra acabou. Esses fatos deixaram claro para todos os jovens inteligentes que o patriotismo é a maior maldição de nossa época e causará o fim da civilização se não puder ser controlado.

Progresso

Este é um ideal do século XIX, impregnado demais de conformismo[13] para o gosto dos jovens sofisticados. O progresso só é mensurável através de coisas sem importância, como a fabricação de automóveis e o consumo de grãos. As coisas que realmente importam não são mensuráveis e, portanto, não são adequadas aos métodos do fomento. Além disso, muitas invenções modernas tendem a tornar as pessoas mais tolas. Eu poderia citar o rádio, o cinema falado e o gás venenoso. Shakespeare media a excelência de uma época pelo seu estilo poético, mas essa técnica de medição está fora de moda.

Beleza

Há na beleza algo de antiquado, embora seja difícil explicar o quê. Um pintor moderno ficaria indignado se alguém o apontasse como alguém que persegue a beleza. A maioria dos artistas de hoje parece se inspirar em uma espécie de rancor contra o mundo, uma vez que gostam mais

---

[13] No original, Babbit, personagem-título do romance escrito pelo norte-americano Sinclair Lewis no ano de 1922. O termo designa o homem de negócios materialista e complacente.(N.T.)

de provocar o sofrimento significativo do que o prazer sereno. Além do mais, muitas formas de beleza exigem que o homem moderno e inteligente se leve mais a sério do que ele é capaz. Um cidadão ilustre de uma pequena cidade-estado como Atenas ou Florença podia, sem dificuldade, sentir-se importante. A Terra era o centro do Universo, o homem era o propósito da criação, sua cidade exibia o que o homem tinha de melhor e ele próprio contava entre o que havia de melhor em sua cidade. Nessas circunstâncias, Ésquilo e Dante podiam levar a sério as suas alegrias e tristezas. Eram capazes de sentir que as emoções da matéria individual, assim como os acontecimentos trágicos merecem ser celebrados em versos imortais. Mas o homem moderno, quando assaltado pelo infortúnio, tem consciência de ser apenas uma unidade num todo estatístico; o passado e futuro se estendem diante dele numa melancólica sucessão de derrotas triviais. O próprio homem parece um ridículo animal empertigado, que berra e se agita durante um breve interlúdio entre silêncios sem fim. "O homem desacomodado não é mais do que um pobre animal, nu e dividido", diz o rei Lear,[14] e essa ideia o leva à loucura por ser uma ideia estranha. Para o homem moderno, no entanto, essa é uma ideia familiar que o impele somente à trivialidade.

Verdade

Nos velhos tempos, a verdade era absoluta, eterna e super-humana. Eu mesmo, quando jovem, aceitei essa visão e desperdicei a juventude buscando a verdade. Mas um exército de inimigos se ergueu para assassiná-la: o pragmatismo, o behaviorismo, o psicologismo, a física relativística. Galileu e a Inquisição discordavam a respeito de se era a Terra que girava em torno do Sol ou o Sol que girava ao redor da Terra. Ambos estavam de acordo em que havia uma grande diferença entre esses dois pontos de vista. A questão em que concordavam era aquela em que estavam ambos errados: a diferença estava somente nas palavras. Nos velhos tempos era possível cultuar a verdade, e, de fato, a sinceridade do culto era demonstrada pela prática do sacrifício humano. Mas é difícil cultuar uma verdade meramente humana e relativa. A lei da gravitação,

---

[14] Rei legendário da Grã-Bretanha, herói da obra *Rei Lear*, de Shakespeare. (N.T.)

de acordo com Eddington, não é mais do que uma convenção conveniente de medição. Não é mais verdadeira do que outros pontos de vista, assim como o sistema métrico não é mais verdadeiro do que os pés e as jardas.

> *A Natureza e a lei da Natureza jazem ocultas na noite;*
> *Deus disse "Faça-se Newton", e facilitou-se a medição.*

Esse sentimento parece carente de sublimidade. Quando Spinoza acreditava em algo, pensava estar desfrutando o amor intelectual de Deus. O homem moderno ou acredita, como Marx, que é governado por motivações econômicas, ou acredita, como Freud, que alguma motivação sexual subjaz à sua crença nas teorias da exponencial e da distribuição da fauna no mar Vermelho. Em nenhum desses casos ele pode desfrutar a exaltação de Spinoza.

Até aqui consideramos o cinismo juvenil de um modo racional, como algo sujeito a causas intelectuais. Mas como não se cansam de explicar os psicólogos modernos, a crença raramente é determinada por motivos racionais, o mesmo valendo para a descrença, ainda que os céticos costumem fazer vista grossa para este fato. As causas do ceticismo generalizado são mais provavelmente sociológicas do que intelectuais. A principal delas é sempre a satisfação com o poder. Os detentores do poder são cínicos porque podem impor suas ideias. As vítimas de opressão não são cínicas porque estão cheias de ódio, e o ódio, como qualquer paixão poderosa, traz consigo um cortejo de crenças derivadas. Até o advento da educação, da democracia e da produção em massa, os intelectuais tiveram sempre uma considerável influência sobre o curso dos acontecimentos, que não diminuía nem mesmo quando se cortavam algumas cabeças. O intelectual moderno encontra-se numa situação totalmente diferente. Não é difícil para ele arranjar um emprego fácil e uma boa renda se quiser vender seus serviços, como propagandista ou bobo da corte, a algum ricaço estúpido. O resultado da produção em massa e da educação elementar é que a estupidez está mais firmemente entrincheirada do que jamais esteve desde o surgimento da civilização. Quando o governo czarista matou o irmão de Lenin, não o transformou num cínico, visto que foi o ódio que inspirou a atividade de toda uma vida na qual ele, afinal, foi bem-sucedido. Mas nos países mais estáveis do Ocidente raramente existem motivos de ódio tão poderosos ou oportunidades para vinganças tão espetaculares. O trabalho dos intelectuais é encomendado e pago pelos governos ou pelos ricos, cujos objetivos hão de parecer muitas vezes absurdos, senão nocivos, aos intelectuais em questão. Uma pitada de cinismo os habilita, no entanto, a ajustar suas consciências à situação. Existem, é certo, atividades em que os poderes constituídos demandam trabalhos dignos de admiração; a ciência é a principal delas, a arquitetura pública dos Estados Unidos, uma outra. Mas se a pessoa tem formação literária, como é comum acontecer, acaba se vendo aos 22 anos de idade no comando de uma técnica considerável que não consegue aplicar de um modo que lhe pareça importante. Os homens de ciência nem no Ocidente são cínicos, porque podem exercitar a melhor parte de seus neurônios com a plena aprovação da coletividade; sob este aspecto, eles são excepcionalmente afortunados dentre os intelectuais modernos.

Se meu diagnóstico está correto, o cinismo moderno não pode ser curado pela mera pregação, ou simplesmente apresentando-se aos jovens ideais melhores do que esses que seus mestres e pastores vão buscar no baú empoeirado das velhas superstições. A cura só virá quando os intelectuais puderem encontrar carreiras que deem vida aos seus impulsos criativos. Não conheço nenhuma receita, exceto aquela há muito advogada por Disraeli:[15] "Eduquemos nossos mestres." Mas a educação terá de ser mais real do que esta que em geral se ministra atualmente, seja a proletários seja a plutocratas, uma educação que leve em conta os valores culturais e não apenas o desejo utilitário de fabricar produtos em quantidades tais que ninguém terá tempo de usufruí-los. O indivíduo não tem o direito de praticar a medicina se nada sabe sobre o corpo humano, mas o financista tem o direito de atuar livremente sem nenhum conhecimento sobre os múltiplos efeitos de suas atividades, salvo a movimentação de sua conta bancária. Como seria

---

[15] Disraeli, Benjamin, 1804-81, estadista e romancista inglês. (N.T.)

agradável um mundo em que não pudesse operar na bolsa quem não tivesse passado em provas de economia e poesia grega, e onde os políticos fossem obrigados a ter sólidos conhecimentos de história e do romance moderno! Imagine um magnata confrontado com a questão: "Se o senhor açambarcasse o mercado de trigo, que efeito causaria na poesia alemã?" A causação no mundo moderno é mais complexa do que nunca e de ramificações mais longínquas, devido ao desenvolvimento das grandes organizações; mas quem controla essas organizações são pessoas ignorantes que nada sabem sobre as consequências de seus atos. Rabelais publicou seu livro anonimamente por medo de perder seu posto na universidade. Um Rabelais moderno nunca escreveria tal livro, porque saberia de antemão que seu anonimato seria penetrado pelos eficazes métodos da publicidade. Os governantes do mundo sempre foram estúpidos, mas nunca foram tão poderosos quanto nos dias atuais. Por isso, é mais do que nunca importante encontrar formas de garantir que sejam ao menos inteligentes. Será esse um problema insolúvel? Não creio, mas serei o último a dizer que é fácil encontrar a resposta.

Capítulo 10
A homogeneidade moderna[16]

O viajante europeu nos Estados Unidos — até onde posso julgar por mim mesmo — é surpreendido por duas peculiaridades: primeiro, a extrema semelhança de pontos de vista em todas as partes dos Estados Unidos (exceto o velho Sul); segundo, o desejo apaixonado que tem toda localidade de provar que é especial e diferente de todas as outras. A segunda peculiaridade é, evidentemente, consequência da primeira. Toda localidade quer ter seu próprio motivo de orgulho, razão pela qual busca preservar e valorizar tudo o que há de especial em sua geografia, sua história e suas tradições. Quanto maior a uniformidade, mais ávida é a busca de diferenças para atenuá-la. O velho Sul é, de fato, completamente diferente do resto dos Estados Unidos, tão diferente que a gente se sente como se estivesse em outro país. É uma região agrícola, aristocrática e voltada para o passado, enquanto o resto do país é industrial, democrático e interessado no futuro. Quando digo que, com a exceção do velho Sul, os Estados Unidos são um país industrial, me refiro também às regiões integralmente dedicadas à agricultura, pois o agricultor americano tem uma mentalidade industrial. Ele utiliza muito maquinário moderno; é estritamente dependente da ferrovia e do telefone; conhece bem os mercados distantes para onde exporta seus produtos; na verdade, ele é um capitalista que poderia perfeitamente estar em outro negócio. O camponês, tal como existe na Europa e na Ásia, é uma figura praticamente desconhecida nos Estados Unidos. Isso confere ao país uma enorme vantagem e é talvez o fator determinante de sua superioridade em relação ao Velho Mundo, porque em toda parte o camponês é conservador, avarento, cruel e ineficiente. Tive oportunidade de ver laranjais na Sicília e na Califórnia; o contraste que há entre eles representa um período de uns dois mil anos. Os laranjais da Sicília estão situados a uma grande distância dos trens e navios; as árvores são velhas, belas e nodosas; os métodos são os mesmos da antiguidade clássica. Os homens, mestiços descendentes de escravos romanos e invasores árabes,

---

[16] Escrito em 1930. (N.A.)

são ignorantes e semiprimitivos; o que lhes falta em informação sobre as árvores lhes sobra em crueldade com os animais. A degradação moral e a incompetência econômica são acompanhadas de um sentido instintivo de beleza que faz a gente se lembrar o tempo todo de Teócrito e do mito do Jardim das Hespérides.[17] Num laranjal da Califórnia não há nada que faça lembrá-lo. As árvores são todas rigorosamente iguais, cultivadas com extremo cuidado à mesma exata distância umas das outras. Como as laranjas não são todas do mesmo tamanho, máquinas zelosas se encarregam de selecioná-las de modo que o conteúdo de cada caixa seja absolutamente homogêneo. Durante o transporte elas passam por processos adequados, realizados por máquinas adequadas em lugares adequados, até serem colocadas num compartimento adequadamente refrigerado no qual viajam até um mercado adequado. São então mecanicamente gravadas com a palavra "Sunkist", embora não haja nelas nada que dê a impressão de que a natureza desempenhe algum papel em sua produção. Até o clima é artificial, porque na época das geadas o laranjal é artificialmente aquecido por uma nuvem de fumaça. As pessoas que se dedicam a esse tipo de agricultura não se sentem, como os agricultores de outras épocas, escravos pacientes das forças naturais; pelo contrário, se sentem senhores que têm o poder de fazê-las curvar-se à sua vontade. Nos Estados Unidos não existe, portanto, a diferença de perspectiva entre industriais e agricultores que se pode encontrar no Velho Mundo. No ambiente norte-americano, o papel principal é o humano; comparado com ele, o papel não humano afunda na insignificância. No sul da Califórnia eu sempre ouvia dizer que o clima tornava as pessoas indolentes, mas confesso que não vi nada disso. As pessoas se pareciam muito com as de Minneapolis ou Winnipeg, embora o clima, o cenário e as condições naturais fossem muito diferentes nas duas regiões. Quando se pensa na diferença entre um norueguês e um siciliano e se compara com a falta de diferença entre uma pessoa (digamos) de Dakota do Norte e outra do sul da Califórnia é que se percebe a imensa revolução humana causada pela passagem do homem da condição de escravo à de senhor de seu ambiente natural. A Noruega e a

---

[17] Na mitologia grega, Hespérides são as filhas de Atlas, que guardavam as maçãs de ouro de Hera, mais tarde roubadas por Hércules. (N.T.)

Sicília têm tradições muito antigas; a resposta dos homens ao clima se manifestava em suas religiões pré-cristãs, de modo que o cristianismo, ao chegar, assumiu nesses lugares formas muito diferentes. O norueguês temia o gelo e a neve; o siciliano temia os vulcões e os terremotos. O inferno foi inventado no sul; se tivesse sido inventado na Noruega, seria gelado. Mas nem na Dakota do Norte nem no sul da Califórnia o inferno é uma condição climática: é um aperto no mercado monetário. Isto serve para ilustrar a pouca importância do clima na vida moderna.

Os Estados Unidos são um mundo feito pelo homem; mais que isso, são um mundo que o homem construiu com a ajuda das máquinas; e não falo só do ambiente físico, falo também, e principalmente, dos pensamentos e emoções. Consideremos um assassinato verdadeiramente sensacional: o assassino talvez use métodos primitivos, mas os que divulgam a sua façanha lançam mão dos mais poderosos recursos científicos. O rádio faz chegar as últimas notícias não só às grandes cidades como às mais remotas propriedades rurais e aos campos de minério das Montanhas Rochosas, de modo que metade dos temas de conversa de um dia qualquer são os mesmos em todos os lares do país. Quando eu viajava de trem, cruzando as planícies, tentando não ouvir alto-falantes berrando anúncios de sabão, um velho fazendeiro dirigiu-se a mim com uma cara sorridente dizendo: "Onde você for, não consegue se ver livre da civilização hoje em dia." Sábias palavras! Eu estava tentando ler Virginia Woolf, mas os comerciais levaram a melhor.

A uniformidade do aparato físico da vida não chega a ser um problema grave, muito mais perigosa é a uniformidade de pensamento e opinião. E, no entanto, ela é o resultado inevitável das invenções modernas. Unificada e em grande escala, a produção industrial sai mais barata do que dividida em uma série de pequenas unidades. Isso vale para a produção de opiniões como para a de alfinetes. As principais fontes de opinião nos dias atuais são as escolas, as igrejas, a imprensa, o cinema e o rádio. É inevitável que o ensino nas escolas elementares se torne mais padronizado à medida que cresça o uso do aparato. É razoável supor que, num futuro próximo, tanto o cinema quanto o rádio jogarão um papel crescente na educação escolar. Isso significa que uma central produzirá os materiais e que as aulas serão sempre as mesmas em todos os lugares. Disseram-me que algumas igrejas enviam toda semana um sermão-modelo aos membros menos instruídos de seu clero, que certamente hão de ficar, se é que são governados pelas leis ordinárias da natureza humana, profundamente gratos por não terem de preparar seus próprios sermões. Esse sermão-modelo trata, evidentemente, de algum assunto quente do momento e tem por objetivo suscitar um certo tipo de emoção de massa em todas as partes do país. O mesmo se aplica, num grau ainda mais alto, à imprensa, que em todos os lugares recebe a mesma nota telegráfica para logo divulgá-la em grande escala. Vim a saber que as críticas dos meus livros, à exceção dos grandes jornais, são exatamente as mesmas de Nova York a São Francisco e do Maine ao Texas — apenas se tornam mais curtas à medida que se viaja de nordeste para sudoeste.

A maior de todas as forças uniformizadoras do mundo moderno é o cinema, porque sua influência não se limita aos Estados Unidos mas se faz sentir em todas as partes do mundo, salvo a União Soviética, que, no entanto, tem a sua própria uniformidade característica. Falando de um modo geral, o cinema encarna a opinião hollywoodiana sobre as preferências do Meio-Oeste. Nossas emoções a respeito do amor e do casamento, do nascimento e da morte estão se padronizando segundo essa receita. Para os jovens de todos os países, Hollywood representa a última palavra da modernidade, exibindo os prazeres dos ricos e os métodos que se podem adotar para adquirir riquezas. Creio que o cinema falado conduzirá, em pouco tempo, à adoção de uma linguagem universal, que será a linguagem de Hollywood.

Mas não é apenas entre os relativamente ignorantes que há uniformidade nos Estados Unidos. O mesmo se dá, embora num grau ligeiramente menor, com a cultura. Estive em livrarias de todas as regiões do país e em todas pude ver os mesmos best-sellers sendo exibidos com destaque nas vitrines. Até onde pude julgar, as americanas instruídas compram todo ano uma dúzia de livros, a mesma dúzia em todas as cidades. Para um escritor, esta é uma situação bastante interessante, se ele tiver a sorte de ser um dos doze. Em todo caso, isto marca uma diferença importante em relação à Europa, onde, em lugar de uns poucos livros que vendem muito, temos uma grande quantidade de livros que vendem relativamente pouco.

Não se deve crer que a tendência para a uniformidade é totalmente boa ou má. Ela tem vantagens e desvantagens: a principal vantagem, evidentemente, é produzir uma população interessada na cooperação pacífica; a grande desvantagem é produzir uma população inclinada a perseguir as minorias. Este é um defeito provavelmente transitório, porque é de se supor que em pouco tempo não haverá mais minorias. Em certa medida, tudo vai depender de como a uniformidade for alcançada. Tomemos como exemplo o que acontece, nas escolas, com os imigrantes do sul da Itália. Esses italianos se distinguiram ao longo da história por assassinatos, subornos e por sua sensibilidade estética. As escolas públicas curam-nos eficazmente dessa última qualidade, assimilando-os assim à população nativa norte-americana, mas no que respeita às duas primeiras sou levado a concluir que o sucesso é menos marcante. Isso ilustra bem um dos perigos de se ter a uniformidade como objetivo: é mais fácil destruir as boas qualidades do que as más, o que significa que a uniformidade é mais facilmente alcançável pelo rebaixamento geral dos padrões. É claro que um país que tem uma enorme população estrangeira deve se esforçar para assimilar, através das escolas, os filhos dos imigrantes, donde é inevitável um certo grau de americanização. Mas é lamentável que uma grande parte desse processo tenha de ser levada a cabo por meio de um nacionalismo um tanto espalhafatoso. Os Estados Unidos já são o país mais poderoso do mundo e sua superioridade segue crescendo. Esse fato inspira à Europa um medo natural, que é aumentado por qualquer coisa que sugira um nacionalismo militante. Talvez o destino da América seja ensinar bom senso político à Europa, mas eu temo que o aluno venha a se mostrar incorrigivelmente refratário.

A tendência para a uniformidade se faz acompanhar, nos Estados Unidos, de uma concepção aparentemente equivocada de democracia. Parece geralmente aceita no país a ideia de que um suposto da democracia é que todo mundo seja parecido, e que, se uma pessoa é de alguma forma diferente da outra, está "pretendendo se colocar" numa posição superior. A França é tão democrática quanto os Estados Unidos e, no entanto, essa ideia não existe por lá. O médico, o advogado, o sacerdote e o funcionário público são tipos bastante diferentes na França; cada profissional tem suas próprias tradições e seus próprios padrões e não reivindica nenhuma espécie de superioridade sobre as demais profissões. Nos Estados Unidos, todos os profissionais são assimilados ao homem de negócios. É como se um decreto tivesse obrigado a que as orquestras fossem formadas só por violinos. Não parece existir um adequado entendimento do fato de que a sociedade deve ser um padrão, um organismo, no qual os diversos órgãos desempenham diferentes papéis. Imagine o olho e o ouvido brigando para saber se ver é melhor do que ouvir e decidindo no final que não farão nem uma coisa nem outra porque nenhum deles pode fazer as duas coisas sozinho. Assim me parece ser o entendimento da democracia nos Estados Unidos. Reina uma estranha inveja de toda forma de excelência que não possa ser universal, exceto, é claro, no campo dos esportes, onde a aristocracia é entusiasticamente aclamada. O americano médio parece mais preparado para a humildade frente aos músculos do que frente ao cérebro; talvez isto aconteça porque sua admiração pelos músculos é mais profunda e genuína do que sua admiração pelo cérebro. A enxurrada de livros científicos populares nos Estados Unidos se inspira, em parte, é claro, na relutância em admitir que há coisas na ciência que só os especialistas conseguem compreender. A ideia de que um treinamento especial pode ser necessário para entender, digamos, a teoria da relatividade produz uma espécie de irritação, embora ninguém fique irritado com o fato de que é necessário um treinamento especial para ser jogador de futebol de primeira linha.

A conquista da celebridade é talvez mais admirada nos Estados Unidos do que em qualquer outro país, e, no entanto, o caminho para algumas de suas formas é cheio de percalços, sobretudo para os jovens, porque as pessoas são intolerantes com as excentricidades e com tudo o que possa ser classificado como "pretender colocar-se acima", a não ser que a pessoa em questão já seja considerada "célebre". Consequentemente, os mais admirados dentre os tipos perfeitos são difíceis de produzir em casa e precisam ser importados da Europa. Esse fato está ligado à padronização e à uniformidade. Méritos excepcionais, especialmente no campo da arte, estão fadados a se enfrentar com grandes obstáculos na juventude, uma vez que o que se espera de cada um é que mantenha uma aparência externa em conformidade com o padrão estabelecido pelo executivo bem-sucedido.

Embora possa apresentar desvantagens para o indivíduo excepcional, a padronização provavelmente aumenta a felicidade do homem médio, que pode expressar suas ideias com a certeza de que elas hão de se parecer com as ideias de seus ouvintes. Além disso, a padronização aumenta a coesão nacional, tornando a política menos amarga e violenta do que nos países onde as diferenças são bem marcadas. Não creio que seja possível fazer um balanço de ganhos e perdas, mas penso que a padronização que hoje existe nos Estados Unidos existirá, com toda certeza, na Europa, à medida que o mundo se torne mais mecanizado. Os europeus, portanto, que tanto criticam os norte-americanos nessa questão, deviam se dar conta de que estão criticando o seu próprio futuro e colocando-se contra uma tendência inevitável e universal da civilização. É fora de dúvida que o internacionalismo será facilitado pela redução das diferenças entre as nações e, no caso de ele vir a ser algum dia estabelecido, a coesão social será imensamente importante para a preservação da paz interna. Existe o risco, que não se pode negar, de uma imobilidade análoga à do Império Romano. Mas a esse risco podemos opor as forças revolucionárias da ciência e da técnica modernas. Ressalvada a hipótese de uma decadência intelectual universal, essas forças, que constituem uma característica inteiramente nova do mundo moderno, hão de tornar impossível a imobilidade e de impedir a estagnação que tomou conta dos grandes impérios do passado. É perigoso aplicar ao presente e ao futuro argumentos sacados da História, devido às profundas mudanças introduzidas pela ciência. Não vejo, portanto, razão alguma para pessimismo, ainda que a padronização possa ofender o gosto dos que não estão acostumados a ela.

Capítulo 11

Homem *versus* insetos

Entre guerras e rumores de guerras, e ao mesmo tempo que propostas de "desarmamento" e pactos de não agressão ameaçam a espécie humana com um desastre sem precedentes, um outro conflito, talvez ainda mais importante, vem atraindo muito menos atenção do que merece — refiro-me ao conflito entre os homens e os insetos.

Estamos acostumados a ser os Senhores da Criação; não temos mais, como os homens das cavernas, motivos para temer os leões, tigres, mamutes e javalis. A não ser em relação aos nossos semelhantes, sentimo-nos seguros. Mas se os grandes animais não ameaçam mais nossa existência, o mesmo não se pode dizer dos pequenos. Na história da vida sobre o planeta, os grandes animais já lhes cederam o lugar uma vez. Durante longas eras, os dinossauros vagaram despreocupados pelos pântanos e florestas, não temendo senão uns aos outros e sem duvidar do caráter absoluto de seu império. Mas desapareceram para dar lugar aos pequenos mamíferos — camundongos, porcos-espinhos, cavalinhos não maiores do que ratos e coisas afins. Não se sabe por que os dinossauros morreram, mas supõe-se que foi porque tinham cérebros minúsculos e se dedicavam a desenvolver seus chifres numerosos como armas de ataque. Pode ser que sim, mas não foi por essa linha que a vida se desenvolveu.

Tendo se tornado superiores, os mamíferos começaram a crescer. Mas o maior deles, o mamute, está extinto, e hoje são raros os animais de grande porte, à exceção do homem e daqueles que ele domesticou. O homem, com sua inteligência, foi capaz de alimentar uma população imensa a despeito de seu tamanho. Ele só não está a salvo das pequenas criaturas — insetos e micro-organismos.

Os insetos têm uma vantagem numérica inicial. A quantidade de formigas existente num pequeno bosque pode facilmente superar toda a população humana do planeta. Outra vantagem é poderem comer nosso alimento antes de ele estar maduro para nós. Muitos insetos nocivos que habitavam regiões relativamente pequenas foram inadvertidamente transportados pelo homem a ambientes onde vieram a causar imensos estragos. As viagens e o comércio favorecem os insetos e os micro-organismos. A febre amarela, que só existia na África Ocidental, foi transportada para a América através do comércio de escravos. Hoje, graças à abertura da África, ela se desloca pouco a pouco para o leste através do continente. Quando alcançar a costa, será quase impossível mantê-la afastada da Índia e da China, onde a expectativa é que a população seja dizimada. A doença do sono é uma enfermidade africana ainda mais mortal, que vai se espalhando pouco a pouco.

Felizmente, a ciência já descobriu formas de conter as doenças transmitidas por insetos. A maioria deles é sensível a certos parasitas, tão letais que os que sobrevivem deixam de ser um problema, de modo que os entomologistas se dedicam atualmente a estudar e reproduzir tais parasitas. Os relatórios oficiais de suas atividades são fascinantes; estão cheios de frases como: "Ele esteve no Brasil, a pedido dos plantadores de Trindad, para pesquisar os inimigos naturais da cigarrinha da cana-de-açúcar." Dir-se-ia que a cigarrinha da cana-de-açúcar não tem nenhuma chance nessa luta. Infelizmente, enquanto perdurar a guerra, todo conhecimento científico é uma faca de dois gumes. O recém-falecido professor Fritz Haber, por exemplo, inventou um processo para a fixação do nitrogênio. Sua intenção era aumentar a fertilidade do solo, mas o governo alemão preferiu aplicar o invento à fabricação de explosivos de alto poder de destruição e acabou exilando-o por gostar mais dos adubos do que das bombas. Na próxima grande guerra, cientistas de ambos os lados lançarão sobre as plantações dos adversários pragas que dificilmente conseguirão debelar quando vier a paz. Quanto mais sabemos, mais danos podemos causar uns aos outros. Se em sua fúria contra seus inimigos os seres humanos invocarem a ajuda de insetos e micro-organismos, como certamente hão de fazer no caso de uma nova grande guerra, não é absolutamente improvável que, no final, os insetos sejam os grandes vitoriosos. Desde um ponto de vista cósmico, talvez isto não seja de se lamentar; mas, como ser humano, não posso evitar um suspiro pela minha espécie.

Capítulo 12

Educação e disciplina

Toda teoria educacional séria deve ter dois componentes: uma concepção dos objetivos da vida e uma ciência da dinâmica psicológica, isto é, das leis da mudança mental. Duas pessoas que discordem quanto aos objetivos da vida não podem pretender concordar sobre educação. Em toda a civilização ocidental, a máquina educacional é dominada por duas teorias éticas: o cristianismo e o nacionalismo. Levadas a sério, essas duas teorias são incompatíveis, como vem sendo evidenciado na Alemanha. De minha parte, digo que onde elas divergem o cristianismo é preferível e onde elas concordam estão ambas erradas. A ideia alternativa que eu adotaria como o propósito da educação é a de civilização, termo cujo significado, tal como eu o vejo, é em parte individual, em parte social. No plano individual, a civilização consiste em certas qualidades intelectuais e morais: as qualidades intelectuais são um mínimo de conhecimento geral, uma boa qualificação técnico-profissional e o hábito de formar opiniões baseadas em evidências; as qualidades morais são a imparcialidade, a bondade e um certo grau de autocontrole. Eu acrescentaria ainda uma qualidade que não é moral nem intelectual, mas talvez fisiológica: entusiasmo e alegria de viver. No plano social, a civilização exige o respeito às leis, relações humanas justas, objetivos que não impliquem danos permanentes a nenhum setor da humanidade e adaptação inteligente dos meios aos fins.

Se são esses os propósitos da educação, cabe então à psicologia considerar o que há de ser feito para realizá-los e, em especial, o grau de liberdade que se há de mostrar mais eficaz.

Existem atualmente três grandes linhas de pensamento sobre o problema da liberdade na educação, as quais derivam de diferenças ligadas em parte aos seus objetivos, em parte à sua psicologia. Alguns dizem que as crianças devem ser completamente livres, ainda que sejam más; outros dizem que elas devem ser totalmente submissas à autoridade, por mais que sejam boas; e há, finalmente, os que dizem que elas devem ser livres e que, independentemente da liberdade, elas serão sempre boas. Essa última facção é mais numerosa do que tem direito de ser, desde um ponto de vista lógico; as crianças, como os adultos, não serão todas virtuosas se forem completamente livres. A crença de que a liberdade garante a perfeição moral é uma relíquia das ideias de Rousseau, que não sobreviveria a um estudo com animais e bebês. Os que sustentam essa convicção pensam que a educação não deve ter nenhum propósito positivo, mas apenas oferecer um ambiente adequado ao desenvolvimento espontâneo. Não posso concordar com essa escola, a meu juízo demasiado individualista e indiferente à importância do conhecimento. Vivemos em comunidades que precisam de cooperação, e esperar que ela nasça do impulso espontâneo me parece uma utopia. A existência de populações numerosas sobre territórios limitados só é possível graças à ciência e à técnica; a educação deve, portanto, transmitir um mínimo indispensável de ciência e de técnica. Educadores que permitem uma total liberdade são pessoas cujo sucesso depende de um certo grau de benevolência, autocontrole e treinamento mental, que dificilmente podem ser gerados se todo e qualquer impulso for deixado sem controle; seus méritos terão, portanto, pouca chance de se perpetuarem se seus métodos se apresentam em estado puro. A educação, vista desde uma perspectiva social, deve ser algo mais positivo do que a mera oportunidade de crescimento. É claro que se deve proporcioná-la, mas há que se proporcionar também o equipamento mental e moral que as crianças não podem adquirir por si mesmas.

Os argumentos em favor de um elevado grau de liberdade na educação não decorrem da bondade natural do homem, mas dos efeitos da autoridade, tanto sobre os que a ela estão sujeitos como sobre os que a exercem. Os que estão sujeitos à autoridade se tornam submissos ou rebeldes; as atitudes que têm, ambas, os seus inconvenientes.

Os submissos perdem a iniciativa, no pensamento e na ação; além disso, a raiva gerada pelo sentimento de frustração tende a ser descarregada sobre os mais fracos. É por isso que as instituições tirânicas se autoperpetuam: os homens infligem aos filhos as punições que receberam de seus pais, e quando se tornam construtores de impérios transferem aos "nativos" as humilhações sofridas na escola. Uma educação excessivamente autoritária transforma, pois, os alunos em tiranos medrosos, incapazes de reivindicar, ou tolerar, a originalidade, em palavras e atos. O efeito sobre os educadores é ainda pior: eles tendem a se tornar disciplinadores sádicos, que sentem prazer em inspirar terror e satisfação por não inspirar mais nada. Como são esses homens que representam o conhecimento, os alunos passam a ter horror deles, coisa que entre os ingleses das classes superiores é tida como parte da natureza humana, mas que é, na verdade, parte de um justificado ódio dos pedagogos autoritários.

Os rebeldes, por outro lado, embora possam ser necessários, dificilmente serão justos com o que existe. Além do mais, há muitas formas de rebeldia, mas poucas delas são sensatas; quem acredita que a Terra é plana é um rebelde e um tolo também. É muito perigosa a tendência de achar que a oposição à autoridade é louvável por princípio e que as ideias pouco convencionais são necessariamente justas: dar murro em ponta de faca é tão inútil quanto afirmar que Shakespeare era mau poeta. Mas a rebeldia exagerada é muitas vezes o resultado do excesso de autoridade no trato com estudantes ardorosos. E, quando os rebeldes se tornam educadores, querem ao mesmo tempo encorajar nos alunos um espírito provocativo e criar para eles um ambiente perfeito, dois objetivos dificilmente compatíveis.

O que se quer não é submissão nem rebeldia, mas uma boa índole e uma atitude amistosa para com as pessoas e as novas ideias. Essas qualidades provêm, em parte, de causas físicas, às quais os educadores mais antigos davam muito pouca atenção; mas provêm sobretudo da libertação do sentimento de impotência que deriva da repressão dos impulsos vitais. Para que os jovens se desenvolvam como adultos amistosos, é necessário, na maior parte dos casos, que possam sentir o seu ambiente como amistoso. Isso exige uma atitude simpática para com os desejos fundamentais da criança em lugar da pretensão de usá-los em benefício de objetivos abstratos como a glória de Deus ou a grandeza do país. E não se devem poupar esforços para que o aluno sinta que vale a pena conhecer aquilo que está sendo ensinado — ao menos quando isso é verdade. O aluno aprende duas vezes mais rápido e com metade do esforço quando coopera voluntariamente. Tudo isso contribui para justificar um elevado grau de liberdade.

Mas esses argumentos podem ser facilmente levados ao exagero. Não é desejável que as crianças, ao evitar os defeitos do escravo, adquiram os do aristocrata. A consideração para com as outras pessoas, nas grandes questões como nos assuntos do cotidiano, é um componente essencial da civilização, sem o qual a vida social seria absolutamente intolerável. Não me refiro somente às formas elementares de cortesia, como dizer "por favor" e "muito obrigado": as maneiras formais eram plenamente desenvolvidas entre os bárbaros e foram diminuindo com o avanço da cultura. Penso na disposição de assumir a justa parte do trabalho necessário e em ser prestativo em pequenas coisas que contribuem para evitar problemas. O equilíbrio mental é uma forma de urbanidade, e não convém transmitir à criança sentimentos de onipotência ou a noção de que os adultos estão ali para fazer as suas vontades. Quem repudia a existência de gente rica e desocupada estará sendo incoerente se deixar de incutir em seus filhos a noção do trabalho necessário e o hábito da concentração.

Há ainda um outro aspecto para o qual alguns defensores da liberdade atribuem importância demasiado pequena. Em todo grupo de crianças onde não haja interferência de adultos desenvolve-se uma tirania do mais forte, que é, provavelmente, mais brutal do que a maior parte das tiranias do mundo dos adultos. Quando deixamos duas crianças de dois ou três anos de idade brincando sozinhas, elas descobrem, depois de algumas refregas, a que sairá sempre vencedora e a que se tornará escrava. Quando o número de crianças é maior, a não ser que os adultos interfiram para proteger as menos fortes e belicosas, uma ou duas delas irão conquistar a posição de domínio e as outras passarão a ter sua liberdade restringida. A consideração para com os outros não nasce espontaneamente na maior parte das crianças, tem de ser ensinada, mas dificilmente poderá sê-lo sem que se exerça a autoridade. Esse talvez seja o mais importante argumento contra a omissão dos adultos.

Eu não creio que os educadores já tenham resolvido o problema de combinar as formas adequadas de liberdade com o mínimo necessário de treinamento moral. A solução correta, deve-se admitir, é muitas vezes inviabilizada pelos pais antes da criança entrar para uma escola esclarecida. Da mesma forma como os psicanalistas concluem, com base em sua experiência clínica, que todos somos loucos, as autoridades das escolas modernas estão prontas para concluir, baseadas no contato com alunos que os pais tornaram problemáticos, que todas as crianças são "difíceis" e todos os pais completamente insensatos. Crianças que se tornaram arredias por causa da tirania parental (que às vezes tem o aspecto de afeição solícita) podem precisar de um período mais ou menos longo de completa liberdade para poder encarar os adultos sem desconfiança. Crianças tratadas com sensibilidade em suas casas são capazes de tolerar um certo grau de controle se acharem que estão sendo auxiliadas em coisas que veem como importantes. Adultos que gostam de crianças e que não tenham sido levados a um estado de exaustão nervosa na companhia delas podem realizar coisas extraordinárias no campo da disciplina, sem prejuízo do sentimento de amizade que os alunos lhes dedicam.

Eu penso que os teóricos educacionais modernos tendem a atribuir demasiada importância à virtude negativa de não interferir com as crianças e muito pouca à virtude positiva de desfrutar a companhia delas. Se tivermos pelas crianças o mesmo tipo de afeição que alguns têm por seus cavalos e cães, elas estarão propensas a responder a sugestões e a aceitar proibições, talvez com um resmungo bem-humorado mas sem ressentimento. De nada serve aquele tipo de afeição que consiste em tratá-las como um campo valioso de ação social ou — o que dá no mesmo — como válvulas de escape para impulsos de poder. Nenhuma criança se sentirá gratificada por ser objeto de um interesse nascido da ideia de que ela é um voto a ser conquistado por um partido qualquer ou um corpo a ser sacrificado pela glória de seu país ou de seu rei. O interesse adequado é o que consiste no prazer espontâneo na presença das crianças, sem nenhum propósito ulterior. Professores que possuem essa qualidade raramente terão necessidade de interferir na liberdade da criança, mas serão capazes de fazê-lo quando necessário sem causar danos psicológicos.

Infelizmente, é impossível que professores sobrecarregados de trabalho consigam preservar a afeição instintiva pelas crianças; eles estão condenados a sentir por elas o mesmo que sente o proverbial aprendiz de confeiteiro pelos seus biscoitos. Eu penso que ninguém deveria ter a educação como profissão: a atividade educativa deveria ser realizada em um máximo de duas horas diárias por pessoas que passassem o resto de seu tempo afastadas das crianças. A sociedade das crianças é cansativa, especialmente quando não se mantém uma disciplina estrita. O cansaço produz uma irritação que acaba se expressando de alguma forma, independente das teorias que o atormentado professor ou professora se tenha convencido de serem as corretas. A afabilidade necessária não pode ser mantida exclusivamente por meio do autocontrole. Mas ali onde ela existe não há razão para haver regras sobre como se devem tratar crianças "levadas", porque bastará o impulso para levar à decisão correta e porque quase toda decisão será correta se a criança se sentir amada. Regras, por sábias que sejam, não substituem a afeição e o tato.

Capítulo 13
Estoicismo e saúde mental

Através da psicologia moderna, muitos problemas educacionais que eram antes atacados (sem muito sucesso) por meio da simples disciplina moral são agora resolvidos por métodos mais indiretos, mas também mais científicos. Parece haver uma tendência, especialmente entre os adeptos menos bem informados da psicanálise, de pensar que o autodomínio estoico não é mais necessário. Eu não me situo entre os que defendem esse ponto de vista e pretendo analisar neste ensaio algumas situações onde a sua presença é importante, alguns métodos pelos quais ele pode ser incutido nos jovens e, finalmente, alguns dos perigos que se deve evitar ao aplicá-los.

Comecemos pelo problema mais difícil e essencial dentre os que reclamam o estoicismo: a morte. Há muitas formas de se lidar com o medo da morte. Podemos tentar ignorá-la. Podemos não mencioná-la jamais e tentar voltar o pensamento noutra direção ao nos vermos envolvidos com o tema. Este é o método dos homens-borboleta em *A máquina do tempo*, de Wells. Ou podemos adotar o caminho oposto, de meditar continuamente a respeito da brevidade da vida humana na esperança de que a familiaridade faça nascer o desdém; esta foi a solução adotada por Carlos V, em seu claustro, depois da abdicação. Havia na Universidade de Cambridge um pesquisador que chegava ao ponto de dormir com um caixão dentro do quarto e que quando saía para os gramados da escola levava uma pá, com que cortava as minhocas, dizendo: "Ah! Vocês ainda não me pegaram." Há um terceiro caminho, amplamente adotado, que é convencer a si mesmo e aos outros de que a morte não é morte e sim a porta de entrada para uma vida melhor. Esses três métodos, combinados em proporções variadas, cobrem a maior parte das formas pelas quais as pessoas se acomodam ao fato desconfortável de morrermos.

Cada um desses métodos suscita, no entanto, as suas objeções. A tentativa de não pensar sobre um tema que é, como assinalaram os freudianos em relação ao sexo, emocionalmente interessante, não tem a menor chance de sucesso e leva a diversos tipos de distorções indesejáveis.

É claro que é possível evitar que as crianças, durante os primeiros anos de vida, tomem conhecimento da morte de uma forma crua. Em parte, isso é uma questão de sorte. No caso da morte do pai, da mãe ou de um irmão, nada se pode fazer para evitar que a criança adquira uma consciência emocional da morte. E mesmo que o fato da morte não se apresente para a criança nos seus primeiros anos, cedo ou tarde isso irá acontecer; nesse caso, ela poderá sofrer sérios desequilíbrios se estiver despreparada. Devemos, portanto, tentar estabelecer uma atitude diante da morte diferente da sua mera negação.

O hábito de ficar ruminando sobre a morte é, no mínimo, igualmente nocivo. É um erro ficar pensando demais sobre o que quer que seja, especialmente quando o pensar não tem como se converter em ação. Podemos, é claro, agir para adiar a nossa morte, que é o que faz, dentro de certos limites, toda pessoa normal. Mas não podemos evitar o fato de que morreremos no final — esse é, portanto, um tema de meditação rigorosamente infrutífero. Além do mais, ele tende a reduzir o interesse do indivíduo por outras pessoas e acontecimentos, e a preservação da saúde mental depende basicamente da existência de interesses objetivos. O medo da morte faz do homem um escravo das forças externas, e de uma mentalidade de escravo não se pode esperar nada de bom. Se uma pessoa pudesse curar-se totalmente do medo da morte por meio da meditação, a primeira coisa que faria era parar de meditar; se seus pensamentos continuam absorvidos pela morte, está provado que não deixou de temê-la. Este método não é, portanto, nem um pouco melhor do que o anterior.

A crença de que a morte é a porta de entrada para uma vida melhor deveria, logicamente, fazer com que os homens deixassem de temê-la. Felizmente para a medicina, ela não produz esse efeito, salvo em casos excepcionais. Os que creem na vida futura não têm menos medo de doenças, nem são mais corajosos na batalha, do que os que acham que a morte é o fim de tudo. O falecido Frederic William Henry Myers[18] costumava contar que perguntou certa vez a um homem, na mesa do jantar, o que ele achava que iria lhe acontecer quando morresse. Primeiro ele tentou ignorar a pergunta; mas, ao ser pressionado, respondeu:

---

[18] Filósofo e escritor inglês, que se dedicou a estudos psíquicos. (N.T.)

"Ora, bem, eu acho que vou desfrutar a eterna bem-aventurança, mas preferia que você parasse de fazer perguntas desagradáveis." A razão dessa aparente incoerência, claro, é que, na maioria das pessoas, a crença religiosa não foi capaz de modificar os mecanismos inconscientes, só existe na região do pensamento consciente. Para sermos bem-sucedidos no trato com o medo da morte, precisamos de um método que afete o comportamento como um todo e não apenas aquela parte que costumamos chamar de pensamento consciente. A fé religiosa pode produzir esse resultado em alguns casos, mas não para toda a humanidade. Fora as razões comportamentais, essa incapacidade tem duas fontes: a primeira é uma certa dúvida que persiste a despeito de profissões de fé ardorosas e que aparece sob a forma de rancor contra os céticos; a segunda é o fato de que a crença na vida eterna tende a aumentar, e não a diminuir, o pavor da morte entre aqueles em que ainda persiste alguma dúvida.

O que fazer, então, para ajudar os jovens a se adaptarem a um mundo onde existe a morte? Há que se ter em mente três objetivos, difíceis de serem combinados: (1) Não devemos transmitir a sensação de que a morte é um tema sobre o qual não queremos falar nem encorajá-los a pensar. Se passarmos esse sentimento, o jovem concluirá que há na morte um mistério interessante e seguirá pensando nela. O melhor, nesse caso, é aplicar a postura moderna a respeito da educação sexual. (2) Se possível, devemos agir de modo que o jovem não fique pensando demais na questão da morte; as objeções cabíveis a esse tipo de fixação são as mesmas que valem para a pornografia, ou seja, ela diminui o rendimento, atrapalha o desenvolvimento geral e leva a condutas inadequadas para o próprio jovem e para as outras pessoas. (3) Não devemos ter a pretensão de criar uma atitude adequada em relação à morte somente através do pensamento consciente; em particular, crenças que pretendem mostrar que a morte é menos terrível do que realmente é não fazem nenhum bem quando não atingem (como costuma acontecer) o nível do subconsciente.

Para atingir esses objetivos, precisamos adotar métodos diversos, conforme a experiência da criança ou do jovem. Não ocorrendo a morte de alguém estreitamente ligado à criança, torna-se relativamente fácil assegurar a aceitação da morte como um fato corriqueiro, desprovido de um grande interesse emocional. Em se tratando de algo abstrato e impessoal, a morte deve ser mencionada de maneira trivial e não como uma coisa terrível. Se a criança perguntar, "Eu vou morrer?", podemos dizer, "Sim, mas com certeza só daqui a muito tempo". É importante que não se dê à morte nenhum sentido de mistério. Devemos colocá-la na mesma caixa dos brinquedos estragados. Mas para as crianças pequenas é muito bom apresentá-la, na medida do possível, como uma coisa longínqua.

Quando morre alguém importante na vida da criança, o problema se apresenta de outra forma. Suponhamos, por exemplo, que a criança perde um irmão. Os pais se sentem infelizes e, mesmo que não queiram que a criança saiba o quão infelizes eles se sentem, é justo e necessário que ela perceba que eles estão sofrendo. O afeto natural tem uma grande importância, e a criança deve percebê-lo nos mais velhos. Se os pais fizerem um esforço sobre-humano para esconder da criança a sua tristeza, ela poderá pensar: "Eles nem se importariam se eu morresse." Essa ideia pode ser o começo de desenvolvimentos mórbidos de vários tipos. Portanto, ainda que o choque seja especialmente danoso quando ocorre na infância tardia (na primeira infância ele não será muito sentido), não devemos minimizá-lo. O tema não deve ser evitado, nem prolongado, além do necessário; deve-se fazer o possível, sem intenções demasiado óbvias, para criar novos interesses e, principalmente, novas afeições. Uma afeição muito intensa por uma pessoa qualquer costuma ser, na criança, um sinal de que algo não vai bem. Esse tipo de afeição costuma ser dirigida a um dos pais quando o outro é mau, ou em relação ao professor quando ambos o são. Em geral, ela é produto do medo: o objeto da afeição é justamente aquela pessoa que transmite uma sensação de segurança. Esse gênero de afeição, na infância, não é benéfico. A morte da pessoa amada pode desestruturar a vida da criança. Mesmo que na aparência esteja tudo bem, qualquer amor subsequente será carregado de terror. Marido (ou esposa) e filhos sofrerão o flagelo do excesso de cuidados e parecerão desalmados quando estão simplesmente vivendo as próprias vidas. Os pais não devem, pois, se sentir satisfeitos por serem objeto desse gênero de afeição. Se a criança vive num ambiente amistoso e é feliz, saberá superar, sem muitos problemas, a dor de qualquer perda que venha a sofrer. Impulso vital e esperança devem bastar, desde que não faltem as oportunidades normais para o desenvolvimento e a felicidade.

Na adolescência, entretanto, é necessário algo mais positivo a propósito da atitude perante a morte, visando a uma vida adulta satisfatória. O adulto deve pensar pouco na morte, seja a sua própria, seja a das pessoas que ama, não por fazer desviar deliberadamente o pensamento para outras coisas, um exercício inútil que na prática nunca funciona, mas em função da multiplicidade dos seus interesses e atividades. E, quando pensar efetivamente na morte, é melhor fazê-lo com um certo estoicismo, de maneira ponderada, sem pretender minimizar a sua importância, mas sentindo orgulho de elevar-se acima dela. É o mesmo princípio válido para todas as formas de terror: a única solução é a contemplação resoluta da sua causa. Devemos dizer para nós mesmos: "Sim, ela pode acontecer, e daí?" As pessoas adquirem essa postura em situações como a morte no campo de batalha, quando estão firmemente convencidas da importância da causa pela qual sacrificam a sua vida, ou a de um ente querido. Em certa medida, esse modo de sentir é sempre desejável. O indivíduo deve carregar o sentimento de que existem coisas importantes pelas quais viver e que sua morte, a de sua esposa ou de seu filho não representa o fim de tudo o que é importante no mundo. Para que essa seja uma atitude genuína e profunda na vida adulta é necessário que o adolescente seja incitado com estímulos diversos, em torno dos quais deverá construir sua vida e sua carreira. A adolescência é a época da generosidade, por isso deve ser utilizada para a formação de hábitos generosos. Pode-se realizá-lo através da influência do pai ou do professor. Numa comunidade mais desenvolvida, deveria ser a mãe a fazê-lo, mas hoje a vida da mulher torna as suas perspectivas demasiado pessoais, e intelectualmente insuficientes, para o que eu tenho em mente. Pela mesma razão, os adolescentes (rapazes e moças) devem, em geral, ter homens entre os seus professores, até que uma nova geração de mulheres tenha desenvolvido os aspectos mais impessoais de seus interesses.

O lugar do estoicismo na vida tem sido, talvez, um tanto subestimado em épocas recentes, especialmente por parte dos educadores progressistas. Existem duas formas de se lidar com a ameaça do infortúnio: podemos tentar evitá-lo ou decidir enfrentá-lo com firmeza. O primeiro método é ótimo quando não significa covardia; o segundo será uma necessidade, cedo ou tarde, para pessoas que não consentem em ser escravas do medo. Nessa atitude consiste o estoicismo. A grande dificuldade, para um educador, é que a formação estoica dos jovens cria oportunidades para o sadismo. No passado, a noção de disciplina era tão dura que a educação se tornou veículo de impulsos de crueldade. É possível obter-se o mínimo necessário de disciplina sem desenvolver o prazer de causar sofrimento à criança? Pessoas antiquadas negarão, é claro, sentir tal prazer. Todo mundo conhece a história do homem que dizia ao filho, enquanto lhe aplicava uma surra com a vara: "Meu filho, isso dói mais em mim do que em você." Ao que o menino respondia: "Então, pai, por que você não deixa eu bater em você?" Samuel Butler[19] retratou, em *The Way of all Flesh*, os prazeres sádicos dos pais severos de uma forma bastante convincente para estudantes de psicologia moderna. O que fazer, então, a esse respeito?

O medo da morte é apenas um dentre aqueles que podem ser bem resolvidos pelo estoicismo. Há também o medo da pobreza, o medo da dor física, o medo do parto que assola as mulheres abastadas. Todos esses medos são debilitantes e mais ou menos desprezíveis. Se assumimos a postura de que as pessoas não devem se preocupar com essas coisas, tenderemos a assumir também a postura de que não se deve fazer nada para combater mal algum. Durante muito tempo achou-se que as mulheres não deviam tomar anestésicos no parto. No Japão, essa ideia persiste até hoje. Médicos do sexo masculino diziam que os anestésicos fariam mal às mulheres. Era uma ideia sem nenhum fundamento, provocada, sem dúvida, por um sadismo inconsciente. Mas, à medida que as dores do parto foram sendo aliviadas, menos as mulheres ricas se dispunham a suportá-las: perderam a coragem mais rápido do que precisavam. É claro que deve haver um certo equilíbrio. É impossível uma vida toda feita de prazeres e amenidades, por isso os seres humanos devem saber adotar uma atitude condizente nos momentos

---

[19] Romancista, ensaísta e crítico, considerado um dos mais originais escritores ingleses de sua época, influenciou o início da reação antivitoriana em seu país. (N.T.)

desagradáveis; apenas devemos tentar criá-la com um mínimo de incentivo à crueldade.

Quem lida com crianças pequenas logo aprende que o excesso de simpatia é um erro. Simpatia de menos é, evidentemente, um erro ainda maior: nessa questão, como em tudo o mais, os extremos são maus. A criança que recebe simpatias todo o tempo continuará chorando diante das menores adversidades; o autodomínio comum do adulto médio somente é adquirido pela consciência de que não é com exigências absurdas que se ganha a simpatia de ninguém. As crianças logo entendem que um adulto um pouco rígido às vezes é melhor para elas; seu instinto lhes diz se são ou não amadas, e elas estarão dispostas a tolerar, da parte de quem se sentem amadas, qualquer rigidez que resulte de um genuíno interesse pelo seu adequado desenvolvimento. Teoricamente, a solução é simples: deixando-se inspirar por um amor sensato, os educadores farão a coisa certa. Na prática, porém, o problema é mais complicado. Pais e professores são assediados pelo cansaço, pela irritação, a preocupação e a impaciência, tornando perigosa uma teoria educacional que permita ao adulto descarregar esses sentimentos sobre a criança, em nome do bem-estar delas. Não obstante, a teoria deve ser aceita se for verdadeira e seus riscos devem ser trazidos ao conhecimento do pai ou professor, para que se possam tomar as medidas preventivas necessárias.

Podemos resumir, agora, as conclusões apontadas pela discussão precedente. O conhecimento, por parte das crianças, dos azares dolorosos da vida não deve ser ocultado nem imposto; deve acontecer quando as circunstâncias forem inevitáveis. As coisas dolorosas, quando tenham de ser mencionadas, devem sê-lo de uma forma sincera e desapaixonada, salvo em caso de morte na família, diante da qual o comportamento natural não é esconder a tristeza. Os adultos devem exibir em sua conduta uma alegre coragem, exemplo que os jovens imitarão inconscientemente. Na adolescência, deve-se sugerir aos jovens interesses abrangentes e impessoais, e conduzir sua educação de modo a lhes transmitir a ideia (por via da sugestão, não da exortação explícita) de viver para objetivos externos à sua pessoa. Deve-se ensinar-lhes a suportar eventuais infortúnios, lembrando que há muito mais coisas pelas quais viver. Eles não devem, no entanto, se perder em pensamentos sobre eventuais infortúnios, mesmo que seja com o objetivo de estarem preparados para enfrentá-los. Quem trabalha com a educação dos jovens deve se autopoliciar para não se permitir nenhuma forma de prazer sádico oriundo do componente disciplinar indispensável à educação; a disciplina há de ser sempre motivada pelo desenvolvimento do caráter e da inteligência. O intelecto também requer disciplina, sem a qual a precisão é inatingível. A disciplina do intelecto é outro tema, que ultrapassa o escopo deste ensaio.

Resta apenas uma palavra a ser dita: a disciplina é melhor quando brota de um impulso interior. Para que isso seja possível, é necessário que a criança ou adolescente tenha a ambição, e o empenho, de realizar algo difícil. Essa ambição é geralmente sugerida por alguém que faça parte do seu ambiente; por isso, mesmo a autodisciplina depende, no final das contas, do estímulo educacional.

Capítulo 14

Sobre os cometas

Se eu fosse um cometa, consideraria os homens de nossa época uma estirpe degenerada.

Em épocas passadas, o respeito pelos cometas era universal e profundo. Um deles prenunciou a morte de César, outro foi visto como sinal de que a morte do imperador Vespasiano estava próxima. Homem resoluto, Vespasiano sustentou que o cometa devia ter algum outro significado, pois tinha uma cabeleira, enquanto que o imperador era careca. Mas pouca gente concordou com esse extremado racionalismo. S. Bede[20] disse que "os cometas são presságios de revoluções, de pestilência, guerra, ventos e calor". John Knox[21] via os cometas como provas da cólera divina, enquanto outros protestantes escoceses pensavam que eles eram "uma advertência ao rei para que acabasse com os papistas".

A América, em especial a Nova Inglaterra, também teve a devida parcela de atenção cometária. Em 1652, um cometa apareceu no momento em que o célebre Sr. Cotton, ministro da igreja puritana, adoeceu e desapareceu quando ele morreu. Dez anos passados, a população pecadora de Boston foi advertida por um novo cometa a abster-se "da volúpia e das ofensas às boas criaturas de Deus, com licenciosidades no beber e modismos no vestir". Increase Mather, clérigo eminente da igreja puritana, achava que os cometas e eclipses haviam prenunciado as mortes de presidentes de Harvard e de governadores das colônias, razão pela qual instruiu o seu rebanho a rogar ao Senhor para "não levar embora as estrelas, deixando cometas em seu lugar".

Todas essas superstições foram aos poucos se dispersando depois que Halley descobriu que pelo menos um cometa orbitava o Sol numa elipse regular, exatamente como um planeta, e que Newton demonstrou que os cometas também obedeciam à lei da gravitação universal. Nas universidades mais conservadoras, os professores foram durante

---

[20] Teólogo e historiador inglês. (N.T.)
[21] Teólogo e historiador protestante escocês. (N.T.)

algum tempo proibidos de mencionar tais descobertas, mas, com o passar do tempo, a verdade não pôde mais ser ocultada.

Atualmente é difícil imaginar um mundo em que todos, os de cima e os de baixo, os instruídos e os ignorantes, ficassem preocupados com cometas e aterrorizados à sua passagem. A maioria de nós nunca viu um cometa. Eu vi dois e eles eram muito menos impressionantes do que eu imaginava. A nossa mudança de atitude não decorre apenas do racionalismo, mas da iluminação artificial também. Nas ruas de uma cidade moderna, o céu noturno é invisível, e, nas áreas rurais, viajamos em automóveis equipados com possantes faróis. Nós apagamos o céu, de modo que só uns poucos cientistas dão atenção às estrelas e planetas, aos meteoros e cometas. Nosso mundo cotidiano é, mais do que nunca, uma produção humana. Há nisso ganhos e perdas: seguro de seus domínios, o homem se torna trivial, arrogante e um tanto louco. Mas eu não acredito que um cometa causasse hoje o salutar efeito moral que causou em Boston no ano de 1662. Hoje precisaríamos de um remédio mais forte.

Capítulo 15

O que é a alma?

Uma das mais dolorosas consequências dos avanços recentes da ciência é que a cada nova descoberta ficamos sabendo menos do que achávamos que sabíamos. Quando eu era jovem, todo mundo sabia, ou pensava que sabia, que o homem é constituído de corpo e alma, que o corpo existe no espaço e no tempo, ao passo que a alma só existe no tempo. O problema de saber se a alma sobrevive à morte causava uma certa divergência de opiniões, mas sua existência estava acima de qualquer dúvida. A existência do corpo, é claro, era considerada evidente por si mesma tanto pelo homem comum como pelo homem de ciência, e o filósofo era capaz de analisar o problema segundo uma ou outra ótica, geralmente reduzindo o corpo a ideias que existem nas mentes da própria pessoa e do observador. Mas os filósofos não foram levados a sério, de modo que a ciência permaneceu confortavelmente materialista, mesmo em mãos de cientistas rigorosamente ortodoxos.

Hoje em dia, essas velhas e divertidas ingenuidades se perderam: os físicos nos garantem que a matéria não existe e os psicólogos nos garantem que a mente também não. É um fato sem precedente. Quem jamais ouviu um sapateiro dizer que sapatos não existem ou um alfaiate afirmar que na verdade todo mundo anda nu? Isso seria tão estranho quanto o que têm feito os físicos e os psicólogos. Começando por estes últimos, alguns deles vêm tentando reduzir tudo o que parece ser atividade mental a atividade corporal. Mas não é fácil reduzir toda a atividade mental a mera atividade física. Eu creio não ser possível afirmar com segurança se tais dificuldades são ou não superáveis. O que podemos afirmar, com base na própria física, é que isso que até aqui consideramos como sendo o corpo é, na verdade, uma elaborada construção científica que não corresponde a nenhuma realidade física. O moderno vir a ser materialista encontra-se, portanto, numa posição curiosa, pois ao mesmo tempo que pode, com uma razoável margem de sucesso, reduzir a atividade da mente à atividade do corpo, não é capaz de resolver o problema de que o próprio corpo é apenas um conceito cômodo inventado pela mente. Nós nos vemos, portanto, andando em círculos: a mente é uma emanação do corpo e o corpo, uma invenção da mente. É evidente que isso não pode estar totalmente correto, pois precisamos olhar para alguma coisa que não seja nem corpo nem mente e da qual ambos possam resultar.

Comecemos pelo corpo. O homem comum pensa que os objetos materiais devem existir, pois são evidentes aos sentidos. Por mais que se possa duvidar, é certo que uma coisa com a qual a gente topa deve ser real: essa é a metafísica do homem comum. Até aqui vai tudo muito bem, mas aí vem o físico e mostra que nós nunca topamos com coisa alguma: quando batemos com a cabeça na parede, na verdade não a tocamos. Quando temos a impressão de estar tocando num objeto, são os elétrons e prótons que fazem parte de nosso corpo que estão sendo atraídos e repelidos pelos elétrons e prótons do objeto, mas não há nenhum contato real. Os elétrons e prótons de nosso corpo são perturbados pela proximidade dos elétrons e prótons do objeto externo e transmitem essa perturbação através dos nervos até nosso cérebro. O efeito no cérebro é que dá a sensação de contato, que pode se revelar como absolutamente ilusório por meio de experimentos adequados. Os próprios elétrons e prótons, no entanto, são apenas aproximações grosseiras, uma forma de reunir em pacotes os feixes de onda e as probabilidades estatísticas de vários tipos de eventos. A matéria ficou assim fantasmagórica demais, já que não pode ser usada como um porrete para deixar uma pessoa perturbada das ideias. A matéria em movimento, antes tão inquestionável, mostrou ser um conceito bastante inadequado para as necessidades dos físicos.

Não obstante, a ciência moderna não apresenta nenhuma evidência da existência da alma, ou mente, como entidade; as razões para desacreditar da existência da mente são muito parecidas com as razões para se desacreditar da existência da matéria. Mente e matéria são como o leão e o unicórnio lutando pela coroa. O fim da batalha não é a vitória de um ou de outro, mas a descoberta de que ambos são apenas invenções heráldicas. O mundo consiste em eventos, não de coisas que têm uma duração no tempo e propriedades mutáveis. Os eventos podem ser agrupados segundo suas relações causais. Se as relações causais são de um tipo, o grupo de eventos resultante é chamado de objeto físico; se são de outro tipo, o grupo resultante é chamado de mente. Qualquer evento que aconteça dentro da cabeça de uma pessoa há de pertencer aos dois grupos: se for classificado num dos grupos, é um componente do cérebro; se for classificado no outro, é um componente do espírito.

Espírito e matéria são, portanto, somente formas convenientes de se organizarem os eventos. Pode não haver nenhuma razão para se supor que uma partícula de espírito ou uma partícula de matéria seja imortal. Supõe-se que o Sol esteja perdendo matéria à taxa de milhões de toneladas por minuto. A característica mais essencial do espírito é a memória, e não há razão para supor que a memória de uma pessoa sobrevive à sua morte. Na verdade, todas as razões apontam em sentido inverso, pois a memória está claramente ligada a um certo tipo de estrutura cerebral que, ao se degradar com a morte, deve fazer cessar também a memória. Embora o materialismo metafísico não possa ser considerado verdadeiro, o mundo, sob o aspecto emocional, é fundamentalmente o mesmo que seria se os materialistas estivessem com a razão.

Eu creio que os adversários do materialismo foram sempre movidos por dois grandes desejos: o primeiro era provar que o espírito é imortal, e o segundo, que o poder supremo do Universo é mental, não físico. Sob ambos os aspectos, eu penso que os materialistas estavam com a razão. Nossos desejos, é verdade, têm um poder considerável na superfície da Terra, já que a maior parte do planeta teria um aspecto bastante diferente se o homem não a utilizasse para extrair alimentos e riquezas. Mas esse nosso poder é muito limitado. Não podemos hoje ter nenhuma atuação sobre o Sol, sobre a Lua ou sobre o interior da Terra, e não existe a mais pálida razão para supor que o que ocorre em regiões aonde o nosso poder não se estende tenha alguma causa mental. Colocando o problema em poucas palavras, isso quer dizer que não há razão para pensar que fora da superfície terrestre alguma coisa acontece porque alguém quer que aconteça. E já que o nosso poder sobre a superfície terrestre é dependente inteiramente da energia que a Terra extrai do Sol, nós somos necessariamente dependentes do Sol e dificilmente poderíamos realizar qualquer de nossos desejos se ele esfriasse. Quanto ao que a ciência pode ou não realizar no futuro, qualquer dogmatismo é temerário. Talvez aprendamos a prolongar nossa existência além do que hoje parece possível; mas se existe alguma verdade na física moderna, mais particularmente na segunda lei da termodinâmica, não podemos ter esperança de que a raça humana venha a existir para sempre. Algumas pessoas podem achar sinistra essa conclusão, mas, para sermos honestos com nós mesmos, temos de admitir que o que irá acontecer daqui a muitos milhões de anos não tem para nós, aqui e agora, nenhum interesse emocional. E a ciência, ao mesmo tempo que diminui as nossas pretensões cósmicas, aumenta enormemente o nosso conforto terrestre. É por isso que, a despeito do horror dos teólogos, a ciência tem sido, como um todo, tolerada.

DIREÇÃO EDITORIAL
Daniele Cajueiro

EDITORA RESPONSÁVEL
Ana Carla Sousa

PRODUÇÃO EDITORIAL
Adriana Torres
Laiane Flores
Allex Machado

REVISÃO
Alessandra Volkert
Anna Beatriz Seilhe

DIAGRAMAÇÃO
Henrique Diniz

Este livro foi impresso em 2024
para a Nova Fronteira.